Ce livre appartient à

L'ALPHABET

Écris les lettres qui manquent.

a □ c d □ f □ □ i

j □ □ □ n o □ q □

s □ u v □ □ □ z

Écris le nom des animaux.
Sont-ils dans l'ordre alphabétique ?

....

○ oui ○ non

....

○ oui ○ non

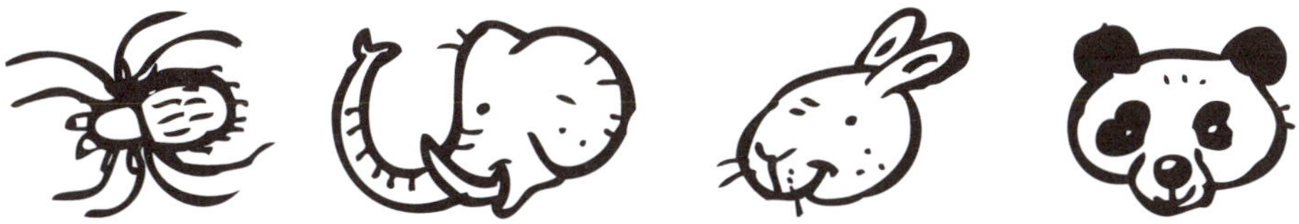

....

○ oui ○ non

BJECTIF

Classer des mots selon l'ordre alphabétique.

EN CHEMIN

Trouve les moyens de transport illustrés en mettant les syllabes dans le bon ordre. Écris les mots.

to – bus – au

....

tu – voi – re

....

tè – hé – cop – li - re

....

que – bar

....

clet – cy – bi – te

....

teur – trac

....

OBJECTIF

Former des mots à partir de syllabes.

LES SYLLABES

Décompose les mots en syllabes. Écris les syllabes sur les pointillés.

<u>EXEMPLE</u>

sorcellerie : sor – cel – le – rie

sorcière ....

prestidigitateur ....

grimoire ....

grenouille ....

transformer ....

formule ....

sortilège ....

BJECTIF

Décomposer les mots en syllabes.

LE SON « É »

Écris « é », « er », « ez » ou « ai » pour compléter les mots.

Un magicien est arriv..... dans la ville. Il est venu dans notre .....cole. « Approch....., les enfants, les tours de magie vont commenc..... », a-t-il dit. Il a d'abord enlev..... son chapeau et il a tourn..... sa baguette par-dessus pour l'ensorcel..... Je n'..... rien compris, mais un lapin a saut..... de son chapeau. Tout le monde l'a f.....licit..... et a essay..... d'attrap..... le lapin. J'..... beaucoup aim..... son spectacle !

OBJECTIF

Écrire correctement le son « é ».

LE SON « AU »

Complète les mots par « o », « ô », « au » ou « eau ».

chât.....

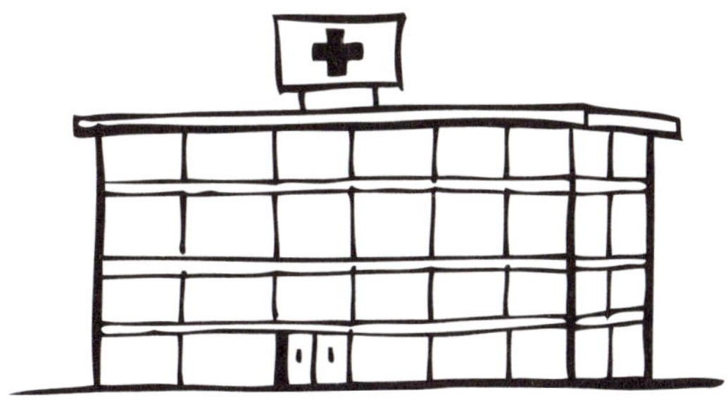

h.....pital

pian.....

t.....pe

ois........

d........phin

OBJECTIF

Bien orthographier des mots contenant le son « au ».

« EN » OU « AN »

Quels mots appartiennent à chaque poule ?
Complète les mots par « en » ou « an » et relie-les ensuite avec la bonne poule.

cont......t

bl......c

......t......dre

s......g

mam......

compr......dre

c.....t

aut......t

ch......ter

comm......t

ét......g

l'...... prochain

accid......t

vraim......t

aim......t

heureusem......t

OBJECTIF

Bien orthographier des mots avec le son « en ».

FACILE !

« D », « T » OU « S »

Termine les mots avec les terminaisons « d », « t » ou « s ».

Le musicien pren.... place sur son peti.... taboure.... . Le public est prê...., il retien.... sa respiration, tou.... est calme dehor.... . Soudain arrive un rossignol. Lui aussi, il veu.... faire de la musique. La salle est bientô.... debou...., pour applaudir les deux virtuoses. Le flûtiste se sen.... bien. À la fin du concer...., tou.... les gens sont ravi.... d'avoir assisté à un spectacle aussi for.... .

OBJECTIF

Bien orthographier des mots se terminant par une lettre muette.

« IN » OU « AIN »

Tous ces mots contiennent le son « in ».
Écris-le correctement.

s.........ge

m.........

lap.........

rais.........

p.........

lut.........

sap.........

dauph.........

OBJECTIF

Bien orthographier le son « in ».

LE PLURIEL

Forme le pluriel de chaque mot.
Relie ensuite chaque mot avec la bonne malle.

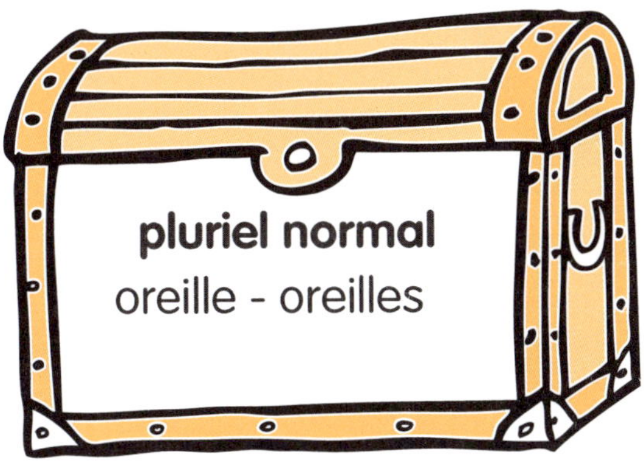

- nez : ....
- bras : ....
- œuf : ....
- boîte : ....
- dent : ....
- clou : ....
- envoi : ....
- creux : ....
- pois : ....
- prix : ....

OBJECTIF

Reconnaître les pluriels difficiles.

LE TEMPS

Il manque une ou plusieurs lettres à chaque mot. Complète les mots et écris-les sur les pointillés.Tous se trouvent dans le dessin.

pa.....apluie

....

bo.....es

....

lu.....ettes

....

nua.....e

....

mant.....

....

maillo.....

....

éc.....air

....

mou.....e

....

OBJECTIF

Retrouver des mots et les compléter par les bonnes lettres.

AU SALON

Pour chaque numéro, invente une petite phrase qui contient le mot correspondant. Regarde l'exemple.

1) La lampe pend au-dessus de la table.

2) ....

3) ....

4) ....

5) ....

6) ....

7) ....

8) ....

9) ....

10) ....

OBJECTIF Écrire des phrases correctes.

LA CARTE

Cathy est en vacances chez ses grands-parents. Elle a envoyé une carte à la maison, mais elle a oublié d'écrire les majuscules et les signes de ponctuation. Écris son texte sur les pointillés, mais cette fois avec les majuscules et la ponctuation !

cher papa chère maman

il fait beau en espagne
je viens d'aller nager dans la mer
il y a de grandes vagues
grand-mère mange chaque jour une glace
maintenant elle lit un livre sur l'espagne
papy discute beaucoup avec des français

à la semaine prochaine papa et maman
faites un bisou de ma part à thomas et au chien

je vous aime

cathy

Écrire les majuscules et les signes de ponctuation.

LES FRUITS

Dans cette grille sont cachés neuf fruits.
Peux-tu les trouver tous ?
Écris-les sur les lignes.

P	O	I	R	E	F	Z	A
O	H	D	B	F	R	C	N
M	S	X	A	M	A	W	A
M	V	K	N	R	M	Y	N
E	O	Q	A	H	B	T	A
P	R	U	N	E	O	U	S
V	U	C	E	R	I	S	E
N	O	I	X	U	S	I	P
K	I	W	I	W	E	D	G

BJECTIF

Exercer le sens de l'observation pour retrouver des mots.

LES SPORTS

Il y a un virus dans l'ordinateur ! Certaines lettres se répètent sans raison. Sais-tu quels sports sont écrits ici ?
Écris-les correctement sur les lignes.

tttttteennnnnnniiiiiissssss :

....

ffffooooooooooottballllll :

....

bbbaaaasssskkkkeeetttt :

....

jjjjjjuuuuuudddoooooooooo :

....

aaaaavvvvvviiiiirrrrrroooooonnnnnn :

....

eeeeeesssssssccccaaalllaaadddeee :

....

jjjoooooggggggggggiiiinnnnggg :

....

aaaaaaathllllllétttttiiiiiiissssssmmeeeeee :

....

OBJECTIF

Écrire correctement le nom de plusieurs sports.

FACILE !

LES BALLONS

Où ont atterri ces ballons ? Mets les lettres dans le bon ordre et tu trouveras le pays. Écris chaque pays sur la ligne sous le ballon. N'oublie pas les majuscules !

JECTIF

Retrouver des noms de pays et exercer la majuscule.

LES MIROIRS

Quels mots sont écrits sur les miroirs ?
Écris-les sur les lignes en dessous de chaque miroir.

CONSEIL : si tu regardes cette page dans un miroir, ce sera beaucoup plus facile !

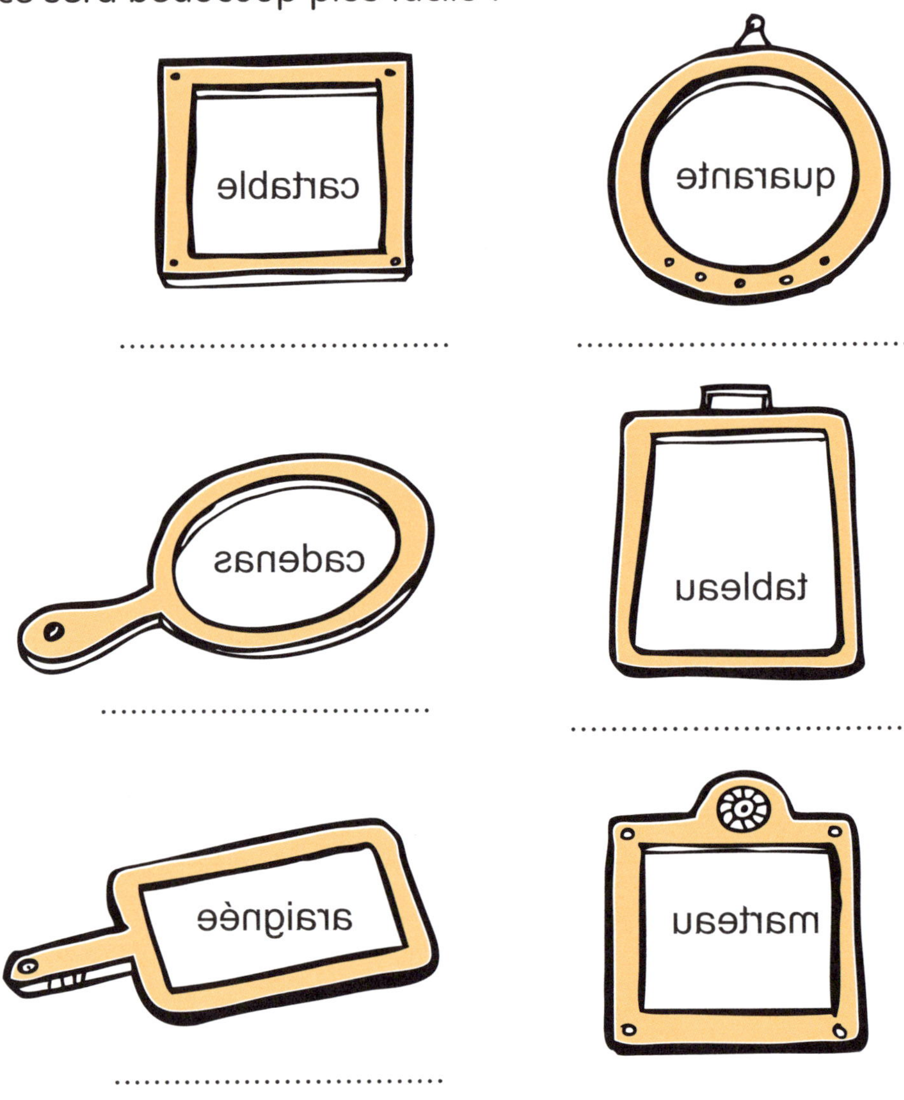

OBJECTIF

Reconnaître des mots et les écrire correctement.

MOTS COMPOSÉS

Forme chaque fois un nouveau mot.
Regarde l'exemple.

EXEMPLE

porte + clés = porte-clés

Choisis parmi : sèche – mine – neige – serre.

chasse + ?

.... + ... = ...

? + cheveux

.... + ... = ...

porte + ?

.... + ... = ...

? + tête

.... + ... = ...

OBJECTIF

Former des mots composés.

COMPLÈTE !

L'auteur du texte n'a pas pu écrire les mots en entier. Complète-les. Choisis parmi « ille » ou « ie ».

jonqu	pun	tranqu...............
b	moquer	myrt ....
qu	f.........................	fam ....
chen..................	plomber...........	brind ....
lent.....................	jalous................	gent ....
modest	sonner	aigu ....
gor	énerg.................	galer ....
van.....................	pap	malad ....
prair	otar	gr ....

OBJECTIF

Écrire correctement le son « ille ».

LES ADVERBES

Peux-tu former des adverbes en ajoutant « ment » aux adjectifs. Parfois, tu devras mettre l'adjectif au féminin ou changer sa finale.

Regarde l'exemple.

sûr

mental

naturel

actif

final

unique

intelligent

spécial

doux

amical

patient

évident

long

rapide

facile – facilement

BJECTIF

Former des adverbes à partir des adjectifs.

MOTS EN « IQUE »

Change le mot entre parenthèses pour qu'il fonctionne dans la phrase.

1. (magie) Ce sorcier a des pouvoirs ....
2. (tragédie) Les acteurs jouent une pièce ....
3. (exotisme) J'aime le bain moussant à l'odeur .... !
4. (comédie) L'âne ne veut pas avancer : c'est ....
5. (poésie) Le nouveau film de ce réalisateur est très ....
6. (héros) Pendant le hold-up, un client a été .... !
7. (boulimie) Ma voisine est .... : elle mange trop !
8. (anorexie) Cette fille est .... : elle ne mange rien.
9. (mythe) Ce film est .... : on en parlera dans cent ans !
10. (bible) D'après l'histoire .... Jésus est né dans ce village.

OBJECTIF

Enrichir le vocabulaire.

LES SÉRIES

Tu verras ci-dessous six mots. À quelle série appartiennent-ils ? Complète les séries avec les mots corrects.

pension – poinçon – poisson – poison – attention – agression

1. ac**tion**	trac**tion**	conversa**tion**	....
2. mai**son**	sai**son**	rai**son**	....
3. ten**sion**	exten**sion**	dimen**sion**	....
4. mo**isson**	mou**sson**	ca**isson**	....
5. pre**ssion**	admi**ssion**	émi**ssion**	....
6. fa**çon**	soup**çon**	cale**çon**	....

OBJECTIF

Reconnaître les terminaisons en « on » et « ion ».

BIEN !

DANS L'ÉTANG

Dans cet étang nagent beaucoup de poissons et de canards. Tous ont un mot qui se termine par « al » sur le ventre. Entoure ceux qui suivent la règle du pluriel en « aux ». Les autres sont des exceptions.

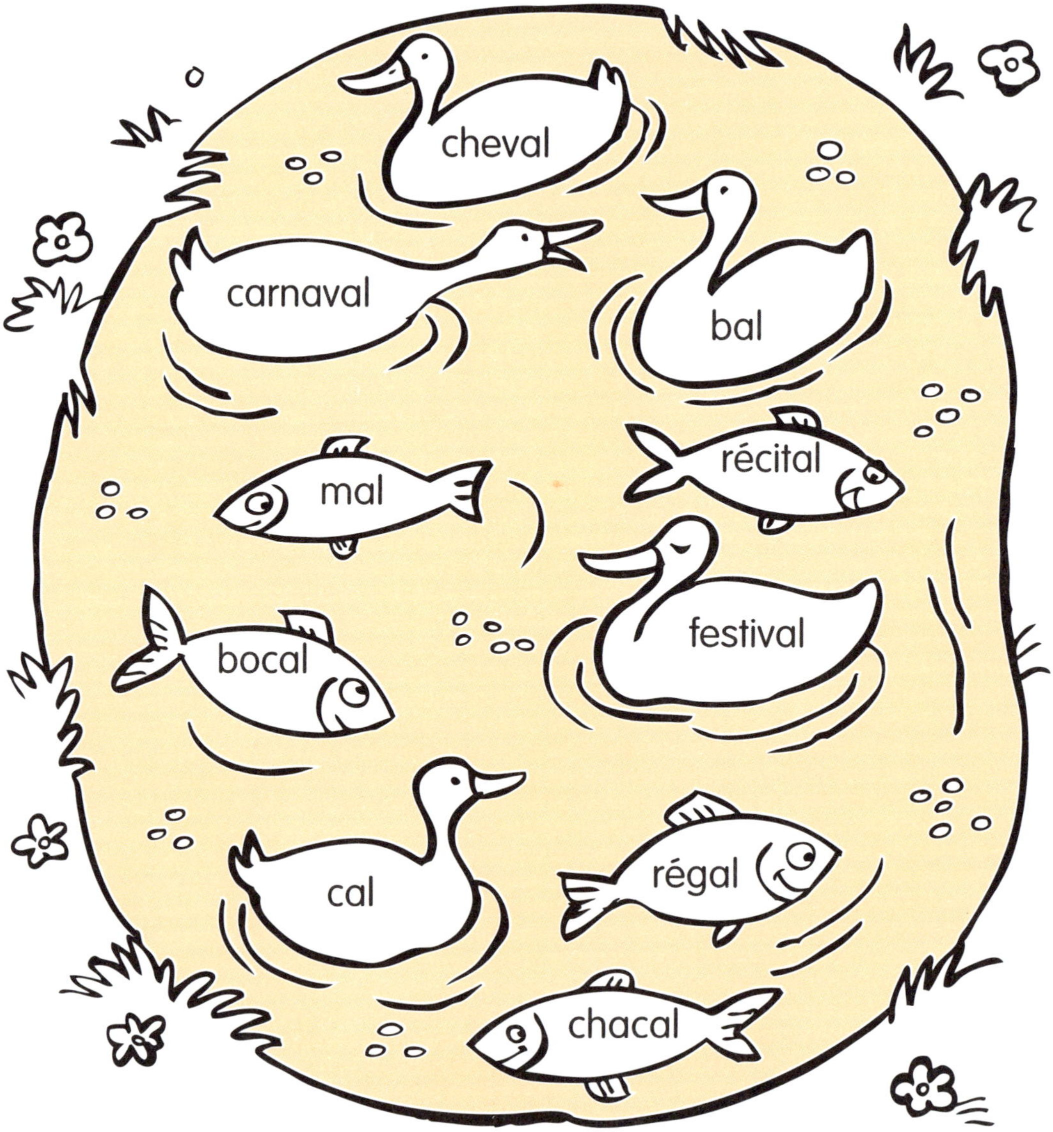

OBJECTIF

Connaître les exceptions du pluriel des mots en « al ».

LE FÉMININ

FACILE !

Cette machine bizarre met les mots au féminin ! Regarde l'exemple. Attention, tous n'ont pas la même terminaison !

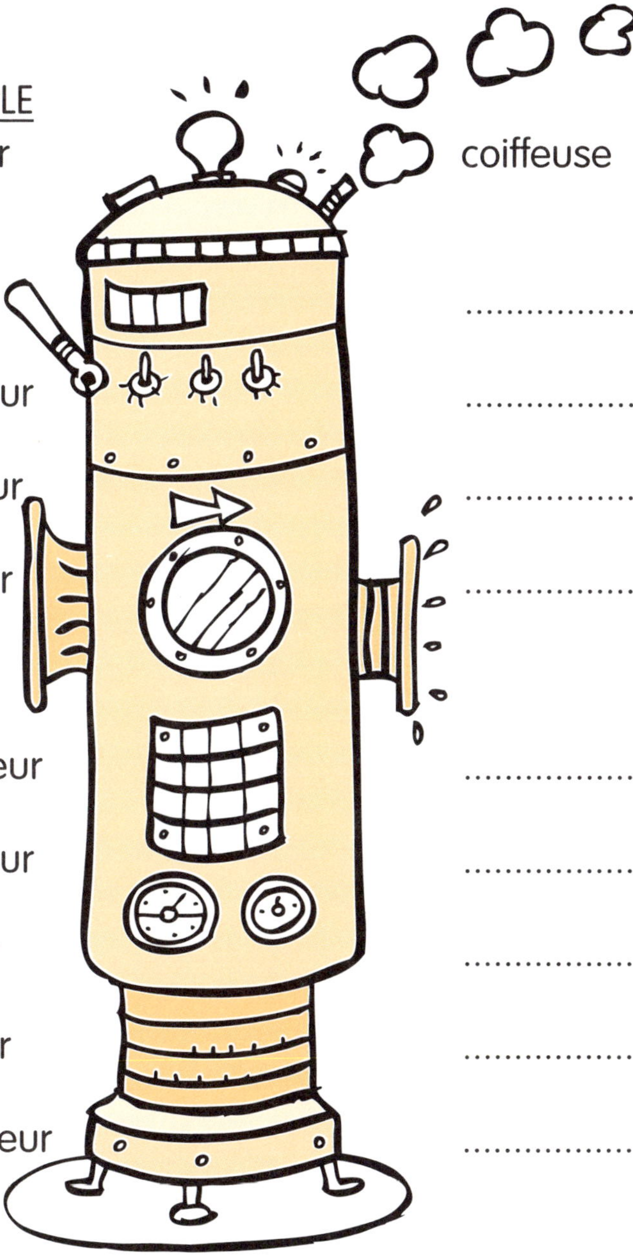

EXEMPLE

coiffeur — coiffeuse

acteur ....

directeur ....

vendeur ....

docteur ....

narrateur ....

chanteur ....

lecteur ....

conteur ....

chercheur ....

OBJECTIF

Former le féminin des noms en « eur ».

ESSAIE !

LES TOURISTES

Dis tout haut ce que tu vois sur les dessins. Si tu entends un mot à plus de deux syllabes, tu l'écris sous le touriste qui est gros. Si tu entends une ou deux syllabes, tu écris le mot sous le touriste mince.

OBJECTIF

Décomposer un mot en syllabes.

LE TRÉSOR

Complète les verbes.

Accorde le participe passé si nécessaire.

1. Les pirates sont arriv....... très tôt ce matin.
2. Ils ont accost....... sur l'île déserte.
3. Ils ont ensuite regard....... sur la carte.
4. Barbe Grise a calcul....... la distance sur la carte.
5. Puis tous les membres de l'équipage se sont jet....... à l'eau !
6. Ils ont cherch....... toute la journée.
7. Ils ne se sont arrêt....... qu'à la nuit tombée.
8. Le trésor n'a jamais exist....... : c'était une légende !
9. Furieux, Barbe Grise a brûl....... la carte.

BJECTIF

Accorder le participe passé des verbes en « er ».

LES PHRASES

Mets les mots dans l'ordre pour former des phrases correctes. N'oublie pas les majuscules et les signes de ponctuation !

1. y / sous / il / a / une grenouille / le banc

....

2. rouges / j' /vu / de / ai / fourmis / beaucoup

....

3. tombé / le seau / dans / le puits / est

....

4. papa / la pelouse / doit / aujourd'hui / tondre

....

5. le râteau / as-tu / vu

....

OBJECTIF

Construire des phrases correctes.

LES ANIMAUX

Remets les lettres dans le bon ordre et écris le nom de chaque animal sur les lignes.

u/b/i/h/o

....

r/d/l/e/i/c/o/o/c

....

r/u/s/i/o/s

....

m/u/h/a/c/a/e

....

v/e/l/a/h/c

....

g/e/y/c/n

....

p/a/t/é/l/é/h/n

....

i/r/t/g/e

....

BJECTIF

Former des mots en mettant les lettres à la bonne place.

LE RÉBUS

Déchiffre le message et écris la phrase que tu as trouvée.

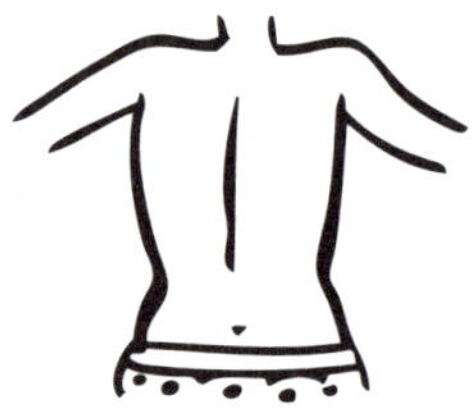

d = v

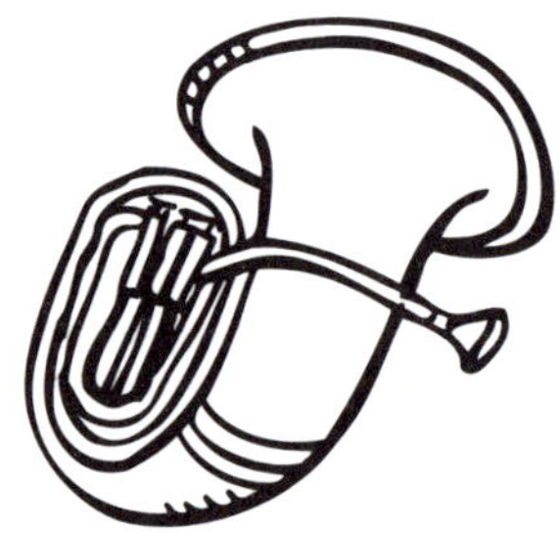

– b

.... ! ....

n = r

U 6

– x

....

OBJECTIF

Décoder des messages non verbaux.

LES MOTS

Les mots composés sont formés en associant plusieurs mots. Colorie les deux mots qui vont ensemble dans la même couleur, puis écris-les en dessous.

EXEMPLE

pare + feu = pare-feu

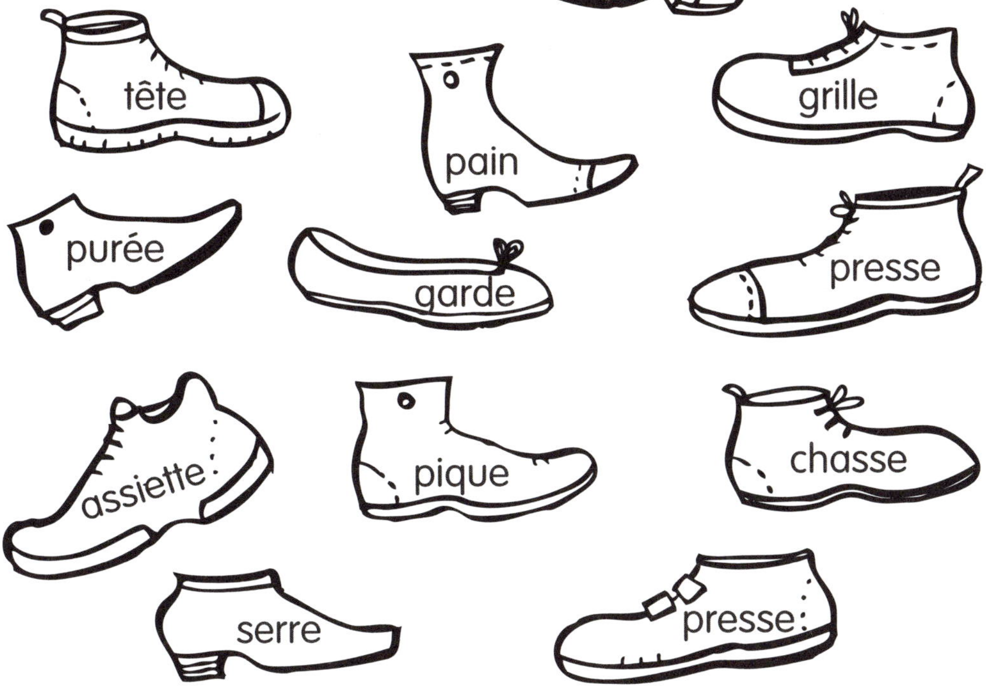

....

....

....

....

....

....

BJECTIF

Former des mots composés.

QUI FAIT QUOI ?

Écris ces phrases sous le bon dessin.

1. Le jardinier plante les fleurs sur une ligne.
2. L'institutrice écrit à la craie sur le tableau.
3. L'agriculteur roule en tracteur dans le champ.
4. Le chauffeur gare l'autobus.

....

....

....

....

....

....

....

....

OBJECTIF

Comprendre ce qu'on lit.

CONSTRUIS

Continue ce mur. Choisis parmi :
maçon – décorer – carrelage – plâtrer – pinceau – carreleur – ciment – peindre.

Qui le fait ?	Que fait-il ?	Qu'utilise-t-il ?
décorateur	....	papier peint
peintre	....	....
....	maçonner	....
plâtrier	....	truelle
....	carreler	....

BJECTIF

Enrichir le vocabulaire relatif à la construction.

ESSAIE !

LES RIMES

Écris des mots qui riment avec le mot écrit en gras. Sois créatif, petit poète !

EXEMPLE
Dans la grande **forêt** gambadent trois furets.

Depuis ce matin il **pleut**. Pourtant le ciel est ....

Dans la neige je vois les **traces**,
de tous les animaux qui ....

J'ai du papier et des **crayons**.
Je vais dessiner une ....

On a eu un accident de **voiture** !
Heureusement, on avait notre ....

On pique-nique sur la **plage**,
entre le sable et les ....

Le spectacle est **magnifique**
et les clowns sont très ....

Pour ne pas oublier la fête de **demain**,
j'ai tout écrit sur ma ....

Tu sais ce que j'ai **entendu** ?
Le chien du voisin s'est .... !

L'après-midi après **l'école**,
Lisa s'amuse comme une .... !

OBJECTIF

Stimuler la créativité d'écriture.

COMPLÈTE !

Continue la phrase avec des mots qui riment.

Le lapin du village n'aime pas le ....

Le chaton dort dans le ....

Sur la table, je vois mon ....

Dans les poires de mon jardin, il y a des ....

Luc offre des fleurs à Lise : il l'aime de tout son ....

Je regarde l'élève, je suis sûr qu'il ....

Je chante une chanson dans ma ....

L'écolier mange une glace dans sa ....

OBJECTIF

Faire preuve de créativité.

LA MAISON

Voici le dessin d'une maison. Écris derrière chaque numéro de quoi il s'agit, avec l'article.

1. **la** porte
2. ....
3. ....
4. ....
5. ....
6. ....
7. ....
8. ....
9. ....
10. ....

OBJECTIF

Connaître le vocabulaire relatif à la maison.

FACILE !

LA RÉCRÉ

Écris ce que les enfants font. Conjugue au présent et à la bonne personne.

Les enfants .... (taper) dans le ballon.

La petite fille .... (sauter) à la corde.

Rose et Inès .... (se lancer) une balle.

Ils ....(jouer) aux billes.

Un petit garçon .... (pleurer)

Les enfants .... (courir) l'un derrière l'autre.

BJECTIF

Conjuguer les verbes à la bonne personne.

TUUT TUUT !

Allonge les phrases en ajoutant chaque fois un ou deux mots.
Regarde l'exemple.

<u>EXEMPLE</u>

Voilà un train.
Voilà un train rapide.
Voilà un beau train rapide.

Il y a des gens.

....;

....;

Le machiniste va partir.

....;

....;

J'achète un billet.

....;

....;

OBJECTIF

Former des phrases correctes.

LES PHRASES

Les phrases ont été coupées en deux. Relie les deux morceaux qui vont ensemble. Écris ensuite les phrases sur les pointillés.

Je ne remplis pas trop mon cartable, parce que...

Dans la classe, j'écoute l'institutrice, parce que...

Je mets ma trousse sur le banc et...

je prends mon cahier.

sinon, je ne comprends pas la leçon.

elle peut aussi être gentille.

Notre institutrice est sévère, mais...

c'est très mauvais pour le dos.

OBJECTIF

Former des phrases logiques.

ON JOUE ?

Avec quoi les garçons aiment-ils surtout jouer ? Et les filles ? Est-ce un jouet pour les garçons, pour les filles ou pour les deux ? Écris chaque jouet en dessous du bon dessin.

Choisis parmi : jeux d'ordinateur – poupées – armes – costume d'Indien – voiture de poupée – petite piscine – ours en peluche – cerceau – livre d'amitié – épée – petit magasin – chapeau de cow-boy.

....	....	....
....	....	....
....	....	....
....	....	....

OBJECTIF

Classer des mots selon une catégorie.

FACILE !

LES SYLLABES

Forme des mots avec les syllabes données. Les mots que tu cherches ont un rapport avec le dessin. Écris-les sur les pointillés.

lo / sa / te / pet

....

ter / teur / rup / in

....

tion / pa / ré / ra

....

quet / cas / te

....

é / tri / ci / lec / té

....

OBJECTIF Former des mots avec les syllabes données.

LE PLURIEL

Mets tous les mots au pluriel.
Attention aux pièges !

buis ....
taureau ....
chaton ....
cheveu ....
journal ....
œil ....
œuf ....
genou ....
pneu ....
festival ....
clou ....
maison ....

OBJECTIF

Écrire correctement le pluriel des noms, y compris des exceptions.

COMPLÈTE !

Complète les phrases avec les bons mots.
Choisis parmi : fils – content – papa – mignon – reçu – chien – fier – l'anniversaire – vieux – lécher – peint.

Léopold

C'est .... du roi ! Il a .... des cadeaux ! Mais il n'est pas .... car il devient ....

Cloé

Sa fille Cloé lui a offert un petit .... Il est très .... et vient .... la main du roi.

Barnabé

Son .... Barnabé a .... un beau portrait de son .... Il est très .... de lui.

OBJECTIF Former des phrases logiques.

LA GRILLE

Cherche dans cette grille les dix mots qui contiennent « eau ». Entoure-les.

	R	F	V	S	
O	I	B	E	A	U
I	D	R	A	M	A
S	E	A	U	A	G
E	A	U	V	N	N
A	U	C	R	T	E
U	D	E	R	E	A
R	A	D	E	A	U
	P	E	A	U	

Voici les 10 mots que tu dois retrouver :
agneau – beau – eau – manteau – oiseau – peau – radeau – rideau –seau – veau.

OBJECTIF

Stimuler le sens de l'observation.

FACILE !

AU PORT

Quelle forme du verbe est correcte ?
Colorie la petite boule.

1. Le capitaine ◯ diriges le bateau.
   ◯ dirigent
   ◯ dirige

2. Les marins ◯ nettoient le pont.
   ◯ nettoie
   ◯ nettoies

3. La grue ◯ déplacent le chargement.
   ◯ déplaces
   ◯ déplace

4. Les camions ◯ roules vite.
   ◯ roulent
   ◯ roule

5. Je ◯ veus aussi travailler sur un bateau.
   ◯ veux
   ◯ veut

BJECTIF

Conjuguer les verbes au présent et à la bonne personne.

L'OURAGAN

Le vent a soufflé très fort et certaines voyelles se sont envolées. Sais-tu quels mots sont écrits sous le dessin ? Écris-les sur les pointillés.

Astuce : les mots ont tous un rapport avec l'orage.

nu . g . ...

plu . . ..

. rag . ...

t . mpêt . ...

t . nn . rr . ...

écl . . r ....

Retrouver des mots parmi le vocabulaire connu.

VAS-Y !

TRIE !

Complète les mots par « g », « gu » ou « ge ».
Écris-les ensuite dans la bonne poubelle.

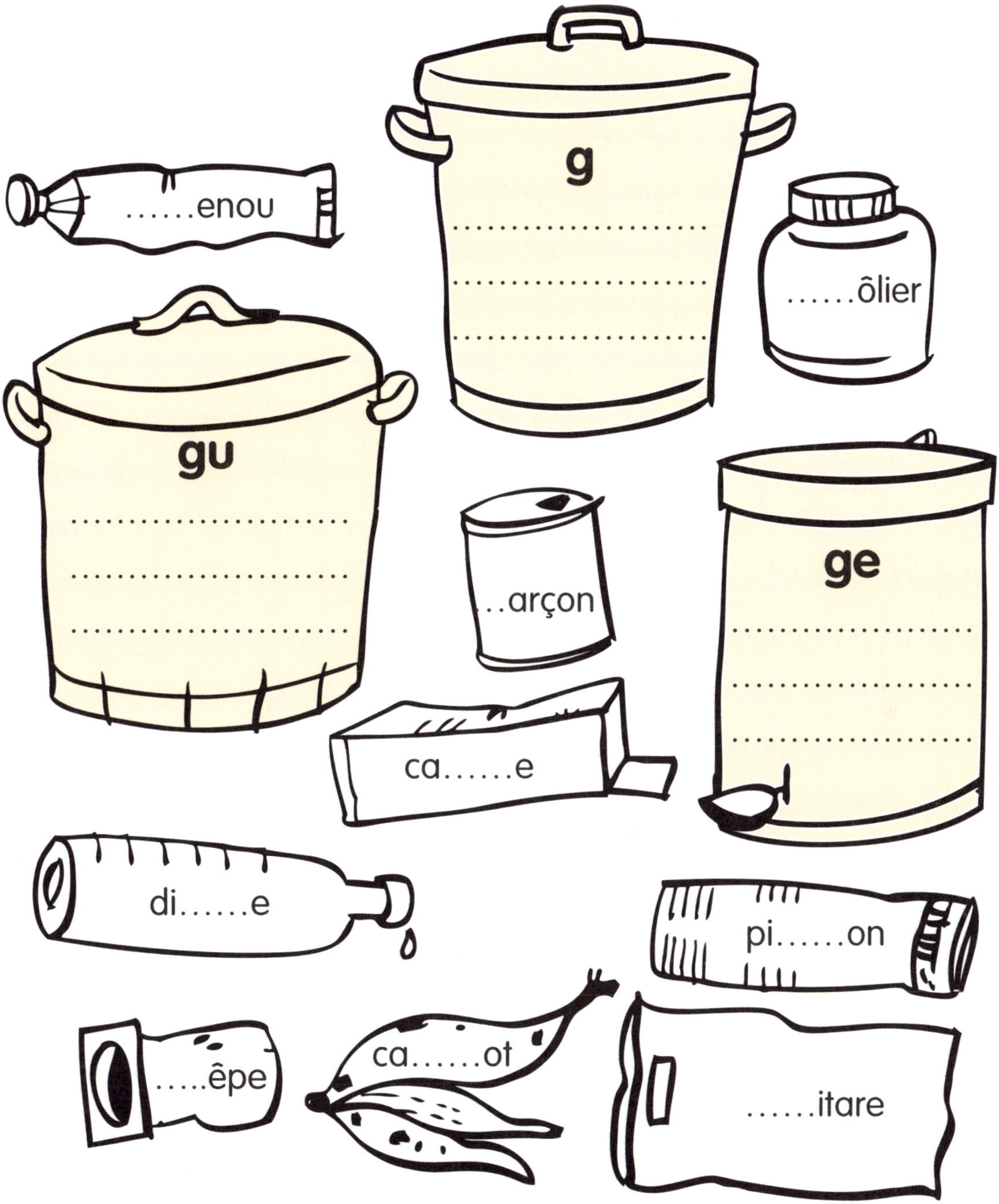

JECTIF

Bien orthographier les mots contenant la lettre « g ».

LE GRATTE-CIEL

Un gratte-ciel est un immeuble très haut. Complète les phrases par les mots écrits sur l'immeuble.

J'habite un appartement situé au septième étage.
Quand l'ascenseur ne fonctionne pas, je dois prendre l' .... pour arriver chez moi.
Un immeuble compte beaucoup d' ....
C'est donc logique qu'il y ait parfois beaucoup de

....

Moi, ça ne me dérange pas. Comme ça, on ne se sent jamais seul.
Le bruit de l' .... de notre voisin me gêne souvent.
J'aimerais habiter au .... étage.
De là-haut, on voit bien les .... de la ville.

OBJECTIF

Comprendre les phrases et placer les mots à la bonne place.

MOTS EN « TION »

Complète les phrases.
Regarde l'exemple.

EXEMPLE
Le créateur admire sa créa**tion**.

L'inventeur vérifie son ....
Les manifestants partent pour une ....
À la pharmacie, le préparateur termine sa
....
Pour mon anniversaire, j'invite tous mes amis, ils ont
reçu une ....
Les participants sont félicités pour leur ....

OBJECTIF Enrichir le vocabulaire.

« IN » ET « IM »

Si tu dois écrire « in » devant les mots pour former leur contraire, écris-les dans la boîte. Si tu dois écrire « im », écris-les sur les lignes hors de la boîte.

Choisis parmi : capable – poli exact – mobile – actif – payé – prévu – digne – vendu – puni – utile – pair

im

....

....

....

....

....

....

Former des mots avec « in » ou « im ».

LES VERBES

Tu peux marcher de diverses manières. Parfois tu trottines. Parfois tu cours ou tu sautilles. Quel verbe correspond à ces phrases ? Entoure le bon verbe.

L'athlète saute / galope par-dessus le dernier obstacle.

Il court / marche vers la ligne d'arrivée.

Le cheval saute / galope dans le pré.

La petite fille saute / court sur la marelle.

Le canard se dandine / trébuche vers l'étang.

JECTIF

Enrichir le vocabulaire.

COMPLÈTE !

Lis d'abord la phrase, puis mets l'adjectif au féminin ou au masculin selon le cas.

EXEMPLE

Le crapaud est laid. La grenouille est laide.

Le prince est ....

La princesse est belle.

L'homme est vieux.

La dame est ....

La voiture est neuve.

Le camion est ....

Le fermier est gros.

La fermière est ....

Le clown est malheureux.

La trapéziste est ....

OBJECTIF

Mettre des adjectifs au féminin ou au masculin.

ÉCRIS

Maman part toute la journée et elle a vite écrit sur un bout de papier les tâches à faire dans la maison. Forme chaque fois une phrase correcte, parce que comme ça, ce n'est pas clair...

l'aspirateur passer tapis
le chien donner manger
dehors mettre poubelles
oublier pas vider boîte lettres
bien lits faire

....

....

....

....

....

BJECTIF

Former des phrases correctes.

RELIE !

Quels verbes correspondent à ces dessins ?
Relie-les !

• écrire

• fermer

• peser

• voler

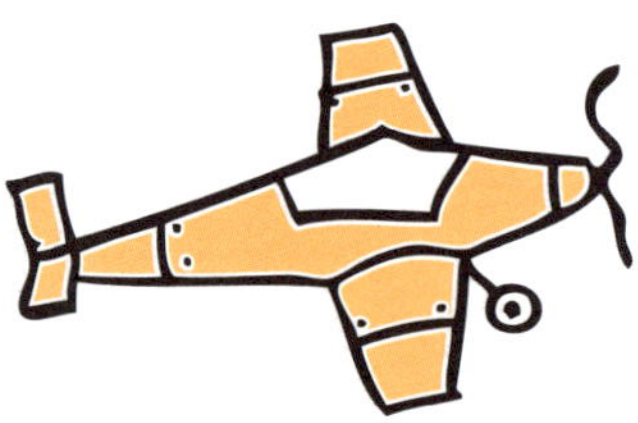

• boutonner

• montrer

OBJECTIF

Faire le lien entre des dessins et des mots.

LE PLURIEL

Mets le sujet des phrases au pluriel. N'oublie pas d'accorder le verbe. Regarde l'exemple.

EXEMPLE

Le boulanger prépare la pâte.

Les boulangers préparent la pâte.

Le maçon construit un mur.

....

Le pêcheur attrape des poissons.

....

Le boucher fait des saucisses.

....

Le serveur sert les boissons.

....

La vendeuse plie un vêtement.

....

BJECTIF Bien accorder le verbe quand le sujet passe au pluriel.

COMPLÈTE !

Complète les phrases avec les bons mots. Choisis parmi : téléphone – enveloppe – télévision – journal – radio – ordinateur.

Olga veut regarder son émission préférée à la

....

Olga met la .... pour écouter de la musique.

Elle va acheter le .... pour lire les nouvelles.

Elle colle un timbre sur une ....

Elle entend le .... sonner.

Olga cherche des infos sur son ....

OBJECTIF

Connaître les moyens de communication.

SSSSSSERPENTS

Quels mots doivent venir dans les serpents ? Lis les descriptions et complète chaque case avec la bonne lettre.

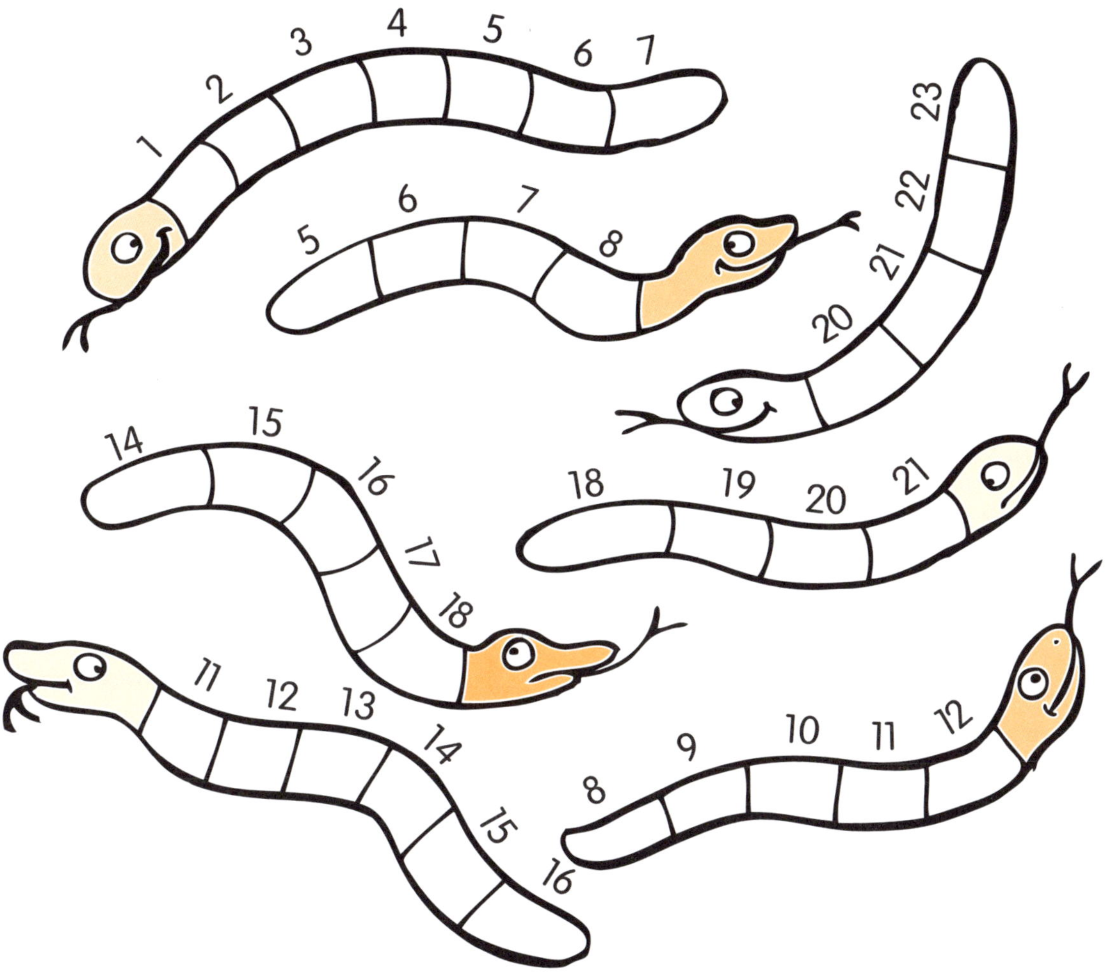

case 1 à 7 : Il y a 60 .... dans 1 heure.
case 5 à 8 : Pour vérifier tes connaissances, tu passes un ......
case 8 à 12 : Moyen de transport sur des rails
case 11 à 16 : Contraire de égal
case 14 à 18 : La course d'un cheval s'appelle le ....
case 18 à 21 : Synonyme de père
case 20 à 23 : Animal qui fait la roue

BJECTIF

S'amuser avec les mots.

ESSAIE !

PRÉPOSITIONS

Quels mots manquent dans la phrase ?
Attention : tu ne peux utiliser chaque mot qu'une seule fois.
Choisis entre : sous – à – avec – sur – vers - par - dans.

Il y a des poires et des pommes .... les arbres.
Quand il fait froid, les oiseaux volent .... le sud.
En hiver, la température descend souvent .... zéro.
Quand il y a du verglas, je vais .... la patinoire !
J'adore marcher .... le lac gelé !
Je casse la glace .... un bâton.
Je vois la neige qui tombe .... la fenêtre.

OBJECTIF

Connaître les prépositions et les utiliser correctement.

LES LETTRES

Quelles sont les deux premières lettres des mots dans chaque fleur ? Écris-les dans le cœur.

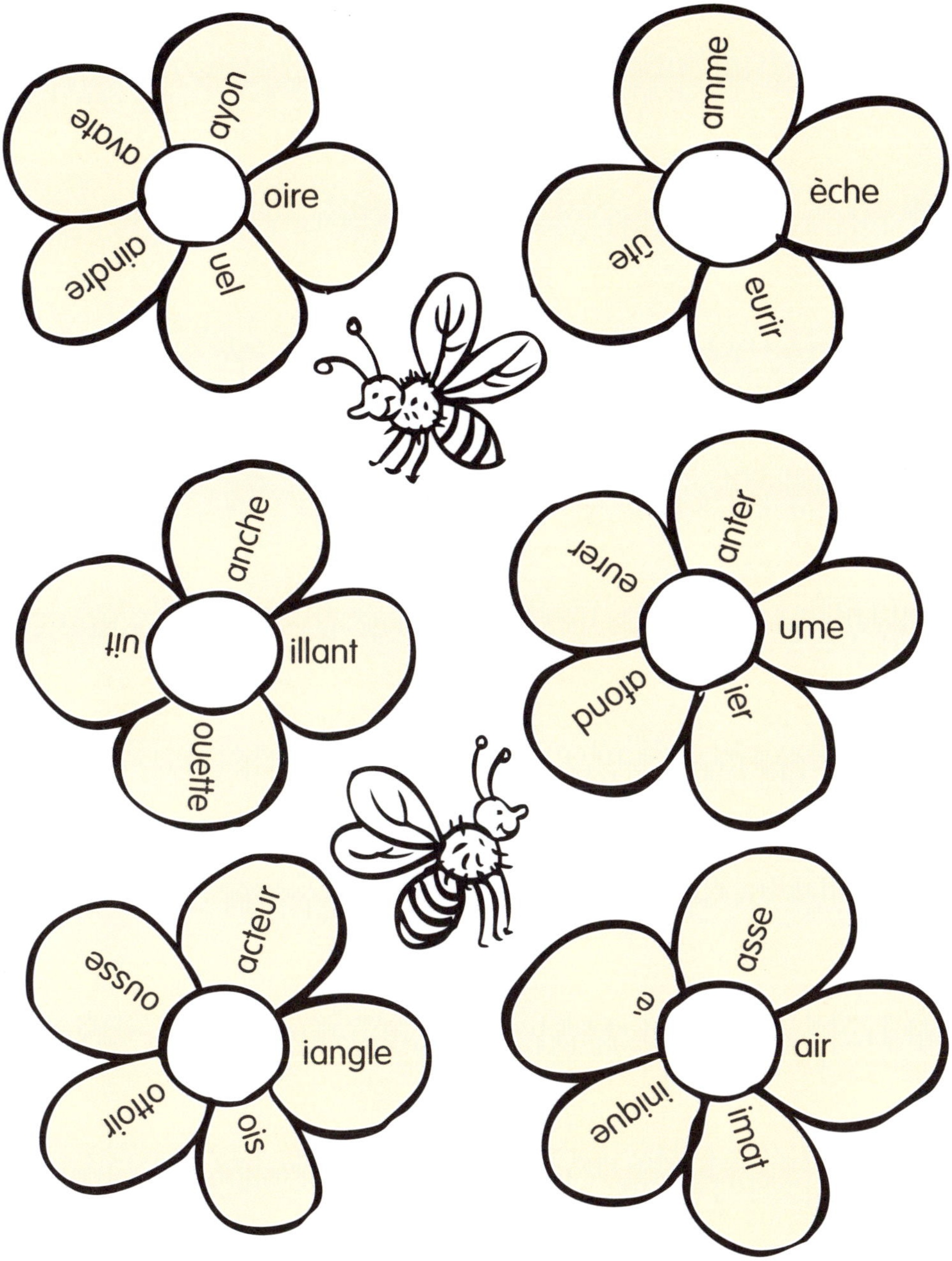

BJECTIF

Faire appel au vocabulaire connu pour retrouver des mots.

DIPHTONGUES

Complète les mots par une diphtongue.
Choisis parmi : oi – ou – au – ei – eu – ai – ui.

cr......re	bl......se	n......ge
cl......	réd......t	l......p
b......cle	p......x	pn......
cl......r	tr......s	tr......ble
n......t	pl......re	bl......

l......ne	c......x
hib......	m......son
écr......	l......
s......gle	ét......
d......ble	land......

OBJECTIF

S'exercer avec les diphtongues.

FACILE !

LES PHRASES

Peux-tu transformer ces deux phrases en une seule longue phrase ? Utilise ces mots pour lier tes portions de phrase entre elles. Choisis parmi : parce que – mais – et – ou.

Regarde l'exemple.

<u>EXEMPLE</u>

Tu n'entends pas le réveil. Tu as mis des boules quiès.

Tu n'entends pas le réveil, **parce que** tu as mis des boules quiès.

Je ne dois pas me coucher tôt ce soir. Je n'ai pas école demain.

....

Est-ce une voiture de pompier ? Est-ce une voiture de police ?

....

Sara a un chat à la maison. Sarah a aussi un lapin.

....

Rémy est le plus grand garçon de la classe. Il n'est pas le plus âgé !

....

BJECTIF

Construire des phrases correctes.

ESSAIE !

LA CLASSE

Forme une phrase correcte en prenant un mot ou un groupe de mots sur chaque tableau. Attention, les verbes du tableau 2 doivent s'accorder avec ton sujet.

....

....

....

....

....

....

OBJECTIF

Former des phrases correctes.

LES PERSONNES

Termine les phrases en écrivant le nom de la personne qui convient.
Astuce : les dessins sont là pour t'aider.

1. .... examine le patient.
2. .... donne le temps pour demain.
3. .... soigne les malades.
4. .... commet un crime.
5. .... cherche le meurtrier.
6. .... fait rire les gens.

JECTIF

Enrichir le vocabulaire.

PICTOGRAMMES

Sais-tu quels sports représentent ces pictogrammes ? Écris les lettres manquantes et recopie le mot sur les pointillés.

f......tball

....

équ......ta.....ion

....

s.....r.....

....

te.......is

....

d........se

....

OBJECTIF

Connaître les noms de sports.

FACILE !

LETTRE MUETTE

Marie a écrit dix mots, mais elle a chaque fois oublié la dernière lettre. C'est une lettre muette, qui ne se prononce pas. Pour la trouver, aide-toi du féminin ou d'un mot dérivé.

1. gri......
2. sour......
3. gro......
4. genti......
5. gran......
6. peti......
7. accor.....
8. préci.....
9. profon.....
10. costau.....

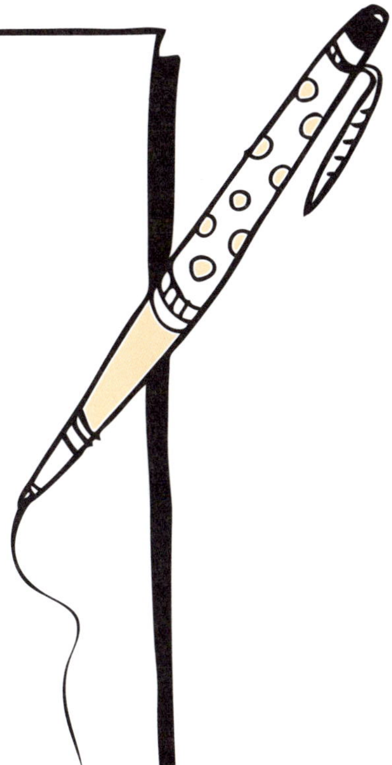

JECTIF

Bien orthographier les mots avec une lettre finale muette.

LE CIMETIÈRE

Chaque tombe contient des mots. Les premières lettres manquent. Lis de haut en bas les lettres que tu as écrites. Tu trouveras le prénom du défunt.

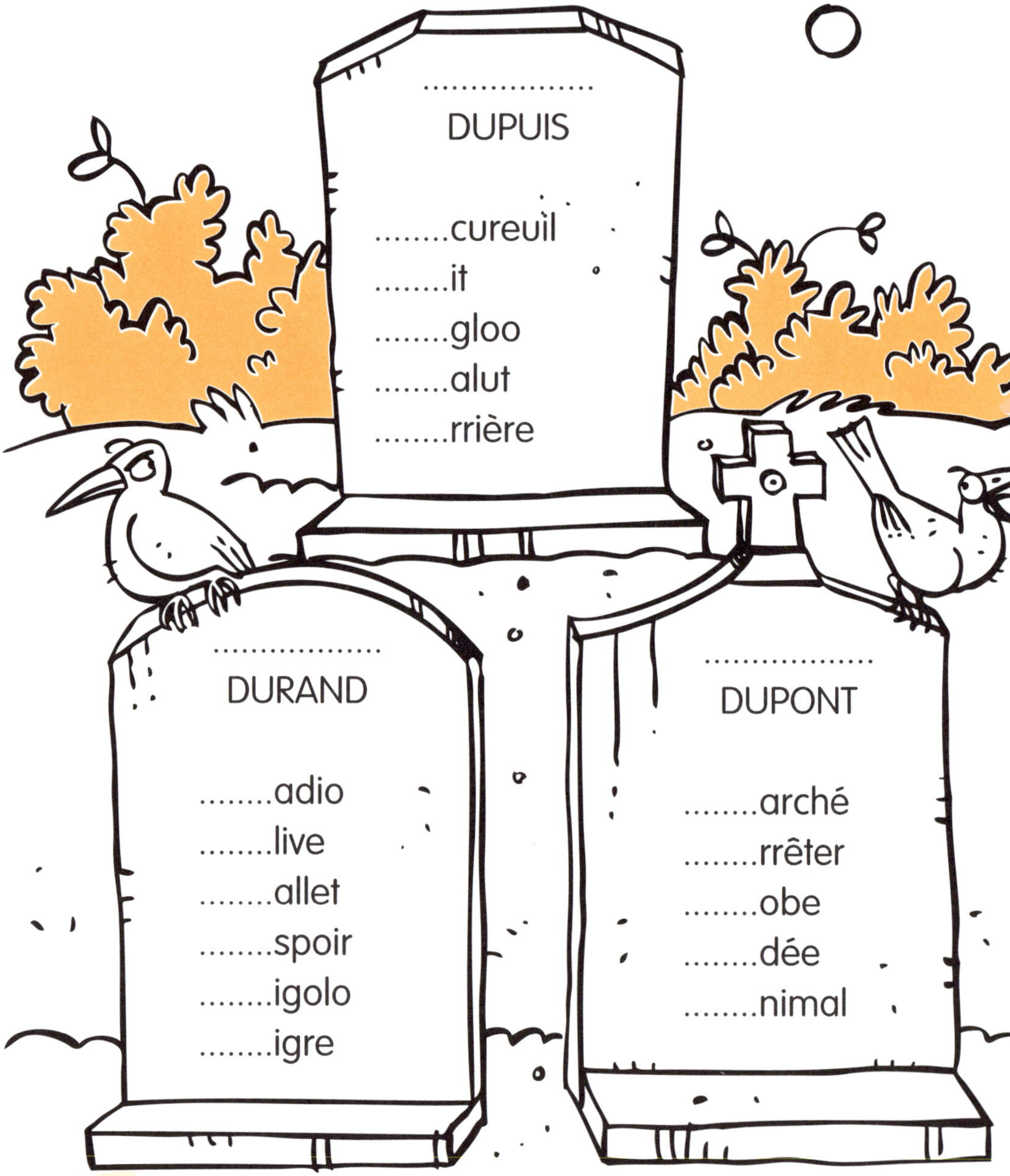

OBJECTIF

Compléter des mots avec la première lettre manquante.

MIAM, DES PÂTES !

Complète les mots par « m » ou « mm ».

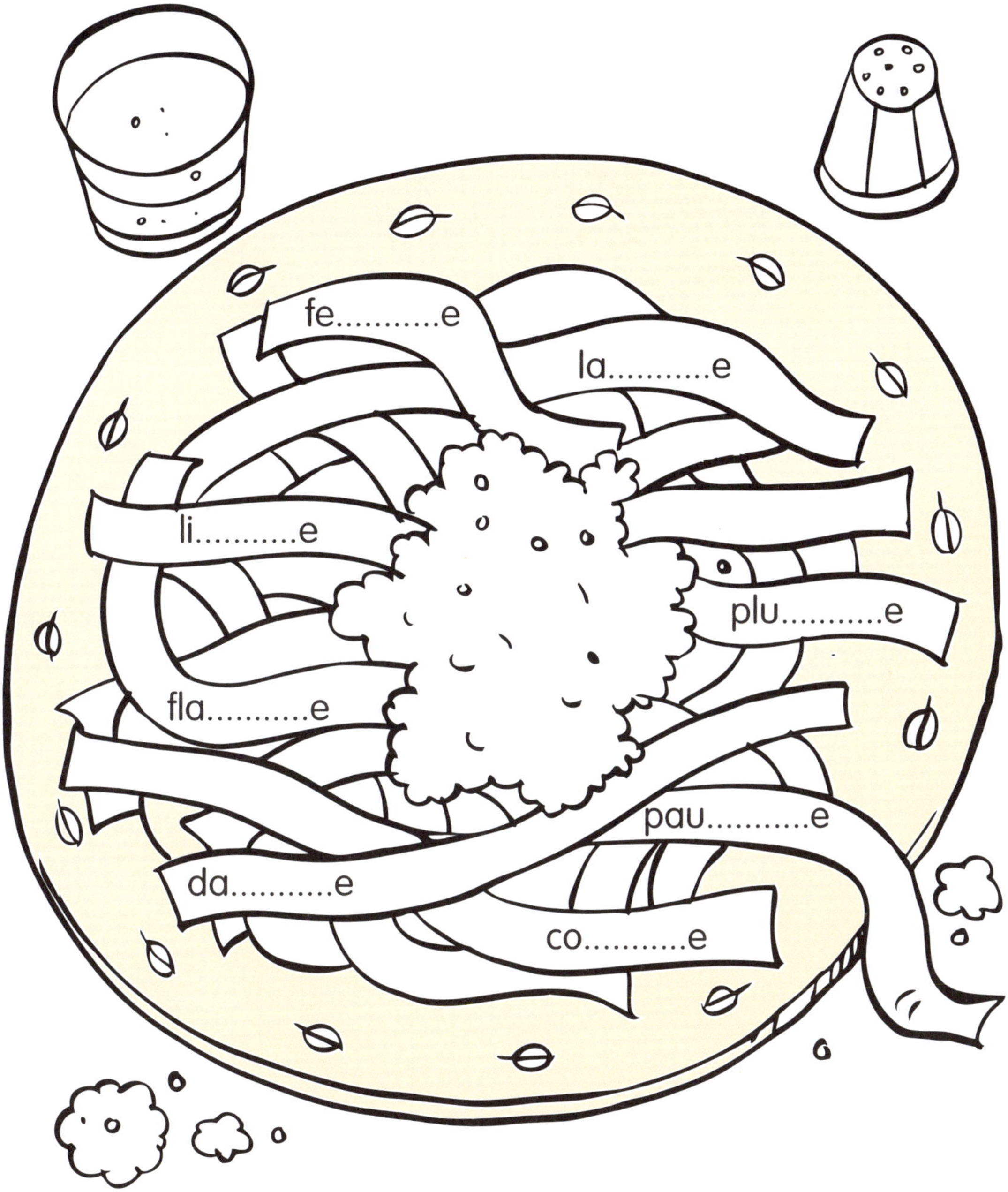

Bien orthographier des mots contenant un ou deux « m ».

LES RIMES

Lis les mots à voix haute. Quels mots se terminent par le même son ? Relie-les.

- violon
- perles
- cochon
- église
- merles
- cours
- amour
- vase
- fiole
- brise
- base
- four
- rigole
- ballon
- école

OBJECTIF

Trouver les mots qui riment.

FACILE !

UNE QUESTION

Change ces phrases en questions.
Regarde l'exemple. N'oublie pas le point d'interrogation à la fin de la phrase !

<u>EXEMPLE</u>

Tu n'aimes pas les choux.

N'aimes-tu pas les choux ?

Vous faites de beaux dessins.

....

Géraldine a de grands projets pour ce week-end.

....

On chante une chanson en classe.

....

Les lapins mangent la partie verte des carottes.

....

Tu sais compter jusqu'à mille.

....

BJECTIF Construire des phrases interrogatives.

LE ZOO

Remplace le mot souligné par le mot dessiné. N'oublie pas les accords !

EXEMPLE

Le tigre a des griffes très acérées.

Les ours ont des griffes très acérées.

Les canards vont vers leur nid près de l'eau.

....

L'éléphant raffole de ces feuilles vertes.

....

Les chevaux vont dans l'étable.

....

Les rapaces sont effrayants.

....

Les gentils dauphins font des tours amusants.

....

OBJECTIF

Remplacer le sujet dans la phrase et adapter le verbe et les épithètes.

LE LINGE SALE

Papa doit aider à faire la lessive. Il doit séparer le linge blanc du linge de couleur. Peux-tu l'aider ? Colorie tous les vêtements où tu peux mettre un article : le, la, un ou une. Ce sont des substantifs.

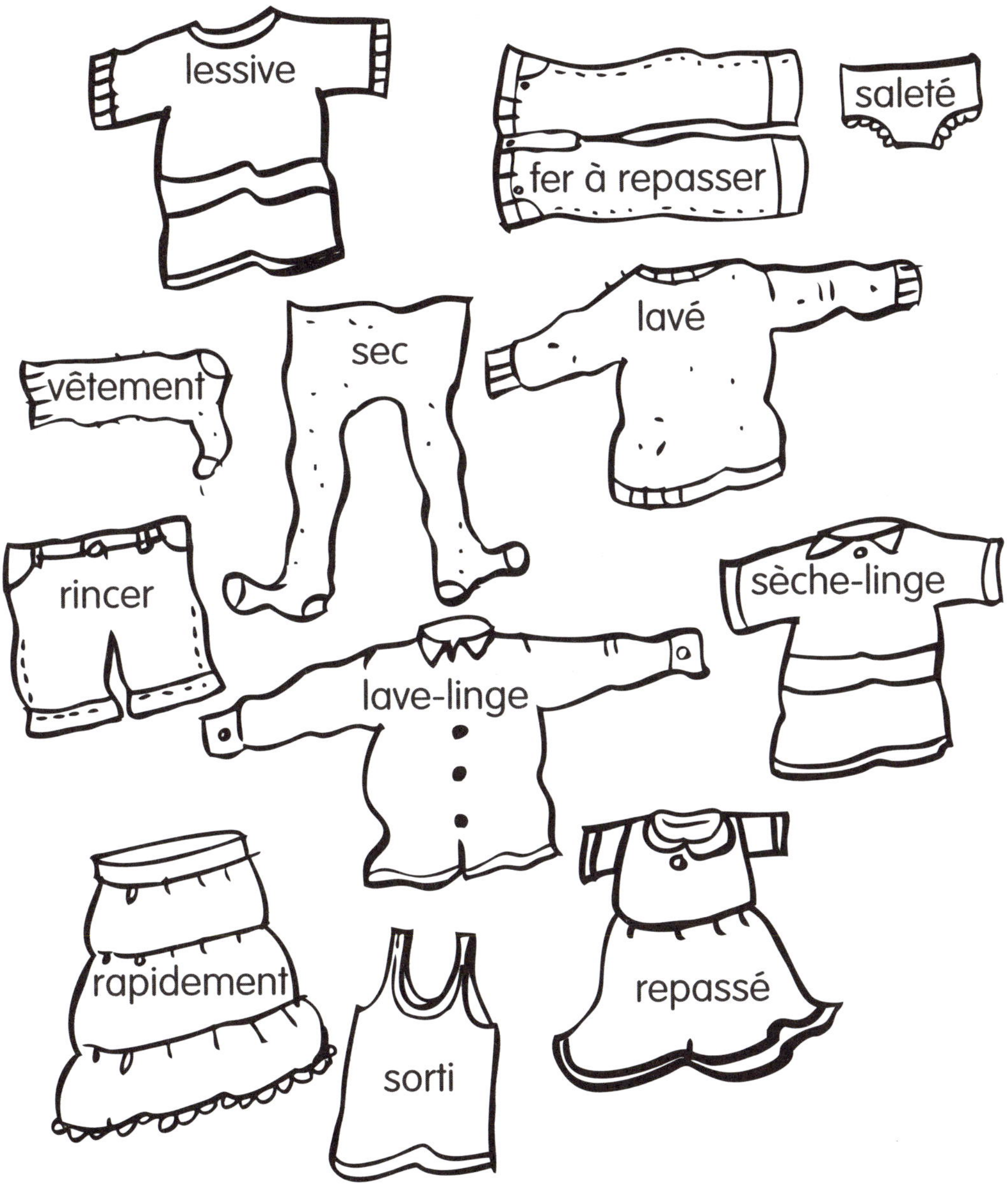

BJECTIF

Connaître les substantifs.

L'ACCIDENT

Regarde les dessins. Les phrases qui les accompagnent ne sont pas correctes. Remplace le mot incorrect par un autre, pour que la phrase corresponde au dessin. La partie incorrecte est en italique.

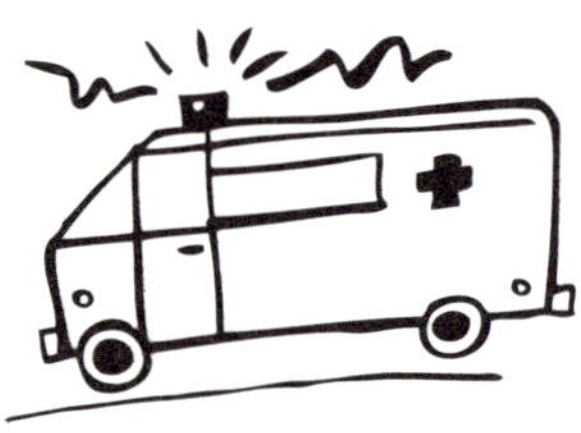

OBJECTIF

Décrire correctement une situation.

AU THÉÂTRE

Écris le mot correct à côté de chaque chiffre.
Choisis parmi : acteur – actrice – décor – scène – public – rideau – lumières – orchestre – chef d'orchestre.

1. .... 4. .... 7. ....
2. .... 5. .... 8. ....
3. .... 6. .... 9. ....

OBJECTIF Enrichir le vocabulaire.

LES CADEAUX

Qu'y a-t-il dans chaque paquet ? Mets les syllabes dans le bon ordre et écris les mots que tu as trouvés sur les pointillés.

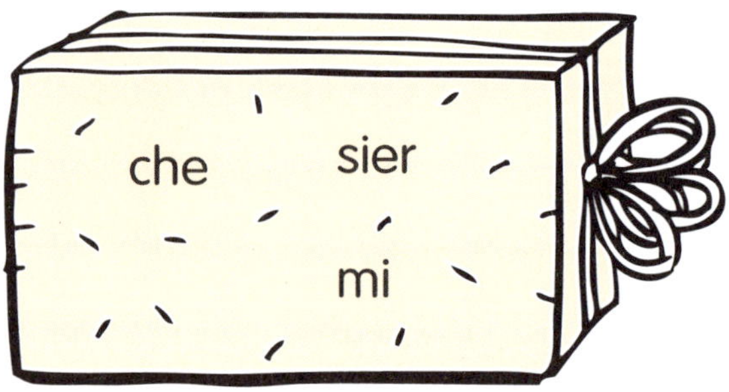

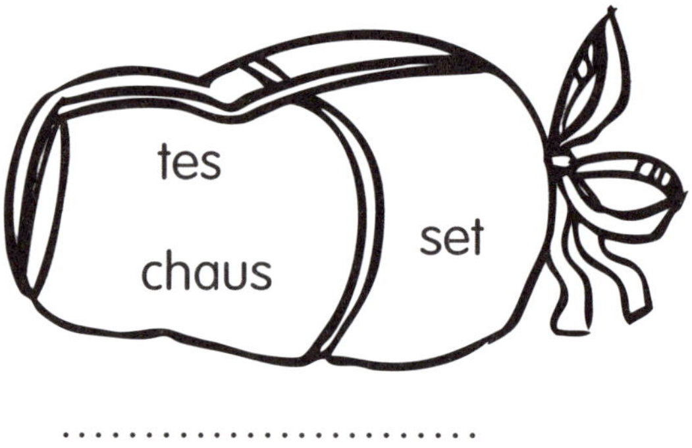

OBJECTIF

Former des mots.

LES INSTRUMENTS

Connais-tu ces instruments de musique ?
Écris le mot correct à côté de chaque dessin.

EXEMPLE
harpe

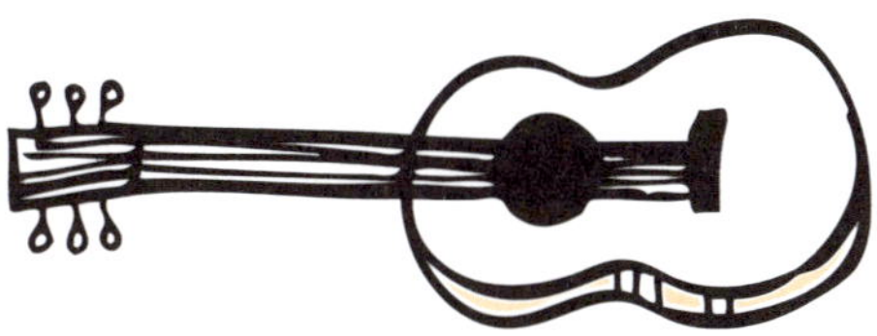

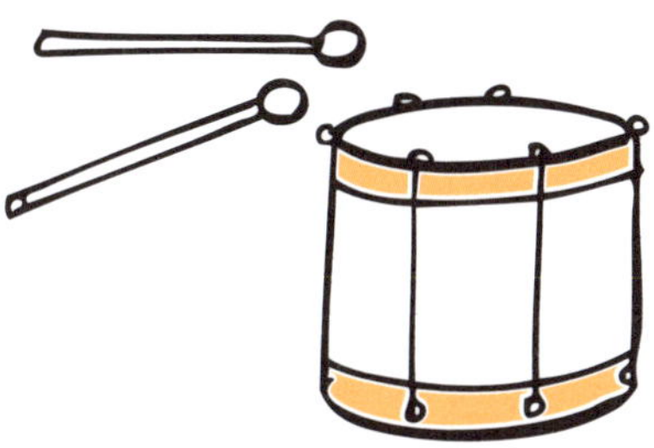

JECTIF

Connaître le nom des instruments de musique.

EN MER

Ce marin a navigué toute sa vie. Il raconte ses aventures. Mets les mots entre parenthèses au pluriel.

J'ai été capitaine sur plusieurs .... (bateau). Ma femme et mes trois .... (enfant) vivaient avec moi. Ma femme me préparait chaque jour deux .... (œuf) et des .... (chou) à la crème. Il y avait beaucoup d'autres .... (marin) sur mon bateau. Nous avons navigué sur tous les .... (océan). Nous avons visité quelques villes .... (magnifique), assisté à des .... (carnaval) et même rencontré des .... (cannibale).

OBJECTIF

Mettre les mots au pluriel.

FACILE !

HOMONYMES

Complète les phrases en utilisant les mots suivants. Attention : il s'agit d'homonymes, des mots qui se prononcent de la même façon, mais qui ne veulent pas du tout dire la même chose !

Choisis entre : ver – vers – vert – verre - vers.

Le .... de terre rampe dans le jardin.

J'ai soif, tu me sers un .... ?

J'étais furieux, j'étais .... de rage !

Pour écrire une poésie, il faut utiliser des ....

Le paon se dirige .... son enclos.

JECTIF

Connaître les homonymes de « ver ».

« ON » OU « OM »

Complète les mots avec « on » ou « om ».

OBJECTIF

Connaître l'orthographe des mots en « on ».

VAS-Y !

LES INTRUS

Les enfants renversent de nombreuses boîtes. Mais il en reste toujours une : la boîte sur laquelle il y a un intrus. Colorie-la en vert.

JECTIF

Reconnaître les exceptions aux règles du pluriel.

BIEN !

ASSEMBLE

Relie chaque mot de la colonne de gauche avec un autre mot de la colonne de droite, pour former un mot composé.

OBJECTIF

Former des mots composés.

LE COURRIER

Complète les phrases avec le bon mot.
Choisis parmi les mots écrits sur les enveloppes.

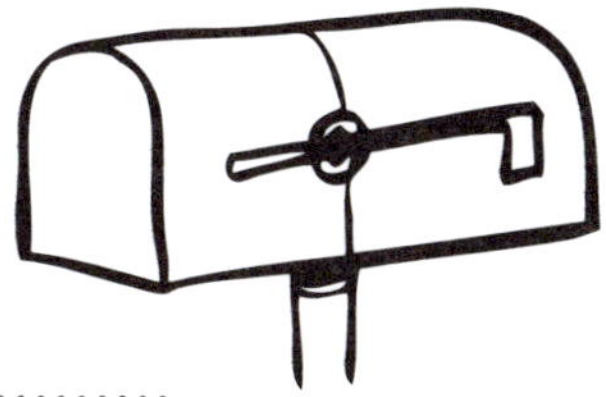

Le chien .... devant la porte.

Le facteur .... à vélo.

Le sac postal .... lourd.

Il .... aujourd'hui !

J'aime recevoir des ....

Papa .... le journal.

JECTIF

Comprendre ce qu'on lit et compléter un texte.

COMPLÈTE !

Complète les phrases avec le bon mot.

Je vais …… la piscine.

Je me souviens …… lui.

Le chat est …… la table.

Je pars …… toi.

J'écris …… mon ami.

J'apprends …… m'amusant.

OBJECTIF

Connaître les prépositions.

JEU DE LETTRES

Mets les lettres dans l'ordre pour retrouver des noms d'animaux.

s a e
o
i u

....

n e
h i c

....

m u t
o o n

....

a c
t h

....

h v
e a
c

....

l c e
h a v

....

r i s
s u o

....

BJECTIF

Retrouver des mots courants.

C'EST UN ORDRE !

Retrouve l'impératif (2e pers. du singulier) des verbes suivants.

EXEMPLE
marcher   marche

sortir	....	prendre	....
aller	....	donner	....
préparer	....	finir	....
dormir	....	regarder	....
demander	....	être	....
avoir	....	jeter	....
recevoir	....	peindre	....
appeler	....	crier	....
faire	....	essuyer	....
céder	....	mentir	....
venir	....	vendre	....

OBJECTIF

Réviser l'usage de l'impératif.

FACILE !

SANS TÊTE !

Ces animaux ont tous perdu la tête. Relie chaque animal à sa tête. Recopie ensuite le mot trouvé sur les pointillés.

JECTIF

Former des mots.

C'EST LA FÊTE

Regarde l'exemple et à toi de jouer !

<u>EXEMPLE</u>

Cette fête / est / très agréable.

Comment est cette fête ?

Elle est très agréable.

Les gens / sont / joyeux.

Comment ....?

....

Papa / est habillé / élégamment.

Comment ....?

....

Les amis / sont / très sympathiques.

Comment ....?

....

Maman / rit / très fort.

Comment ....?

....

OBJECTIF

Faire des phrases interrogatives.

LES PORTRAITS

Qui est qui ? Regarde bien les photos et lis les phrases. Écris le nom correct sous chaque portrait.

....

....

- Tante Julia ne porte pas de lunettes.
- La tante à gauche de tante Sonia porte des lunettes.
- Tante Madeleine a de longs cheveux.
- Tante Sonia a un nez en trompette.
- Tante Fiona a de grosses lèvres.
- Tante Julia a des cheveux courts.
- Tante Madeleine a des lèvres fines.

OBJECTIF

Compréhension à la lecture.

LES SAPINS

Voici trois sapins de noël. Relie chaque décoration au bon sapin.

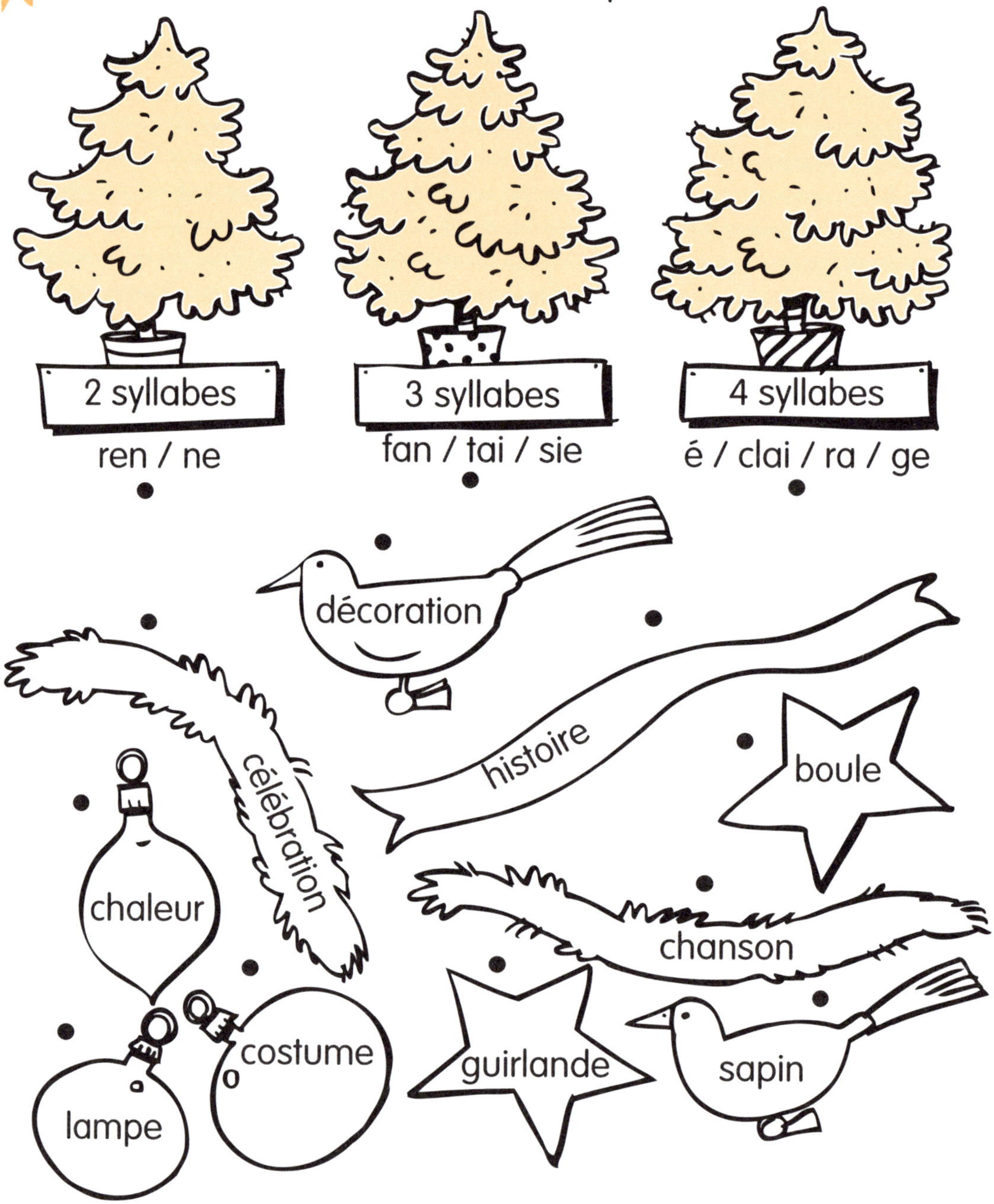

OBJECTIF

Diviser des mots en syllabes.

TOUT LE MONDE

Trouve un mot qui commence par la même lettre ou le même groupe de lettres que le précédent.
Regarde l'exemple.

<u>EXEMPLE</u>
le **d**entiste **d**odu

le **b**oulanger **b**..

le **m**aître **m**..

le **p**laisantin **p**..

le **s**portif **s**..

le **f**ermier **f**..

le **r**oi **r**..

OBJECTIF
Faire appel au vocabulaire connu et à l'imagination.

COMPLÈTE !

Pour chaque dessin, écris le mot au masculin et au féminin.

EXEMPLE

coiffeur
↓
coiffeuse

....
↓
....

....
↓
....

....
↓
....

....
↓
....

OBJECTIF

Former le féminin des noms de métiers.

LES RIMES

Écris ces mots à la bonne place. Ils doivent rimer avec les mots écrits en gras.
Choisis parmi : chavirent – peur – marins – monsieur – souvent – fabuleux – inconnue.

Père Noël est un homme ....
Il offre des cadeaux chaque année.
Il veut juste nous rendre **heureux**,
pour toute l'éternité !

Le boulanger et le **coiffeur**
dansent au milieu de la **rue**.
Même le marchand n'a pas ....
de danser avec une ....

Sur un bateau vivent des ....
Ils travaillent sur le **navire**.
Ils ne mangent pas toujours **bien**.
En cas de tempête, ils ....

Le pharmacien vend des **médicaments**
à un très vieux ....
Il fume beaucoup trop ....
C'est pour ça que ses lèvres sont **bleues** !

JECTIF

Écrire des rimes.

LES OMBRES

Écris le nom correct en dessous de la bonne ombre.

Choisis parmi : pirate – capitaine – violoniste – directeur.

....

....

....

....

OBJECTIF

Connaître les métiers.

FACILE !

LA FÊTE

Quels mots correspondent à ces fêtes ?
Écris-les en dessous de chaque dessin.

beignets

barbe à papa

cloches

bougies

invitations

gâteau

guirlandes

œufs

autos tamponneuses

maison de l'horreur

tulipes

ballons

lièvre de Pâques

stand de tir

narcisses

JECTIF

Faire preuve de logique et classer des mots.

ESSAIE !

COMPLÈTE !

Dans chaque ligne, tu dois écris deux fois le même mot. Regarde l'exemple.

EXEMPLE

Journal de **classe** et il a de la **classe** !

Choisis parmi : chien – ciel – étoile – lune – lunette – nuit.

- une .... de mer et dormir à la belle ....
- l'orbite de la .... et être dans la ....
- le .... nocturne et tomber du ....
- la .... étoilée et depuis la .... des temps
- une ....astronomique et la .... de W.-C.
- le .... aboie et entre .... et loup

OBJECTIF

Utiliser des mots dans des expressions différentes.

MONTGOLFIÈRES

Relie chaque ballon à la bonne nacelle pour former des mots composés. Écris-les sur les pointillés.

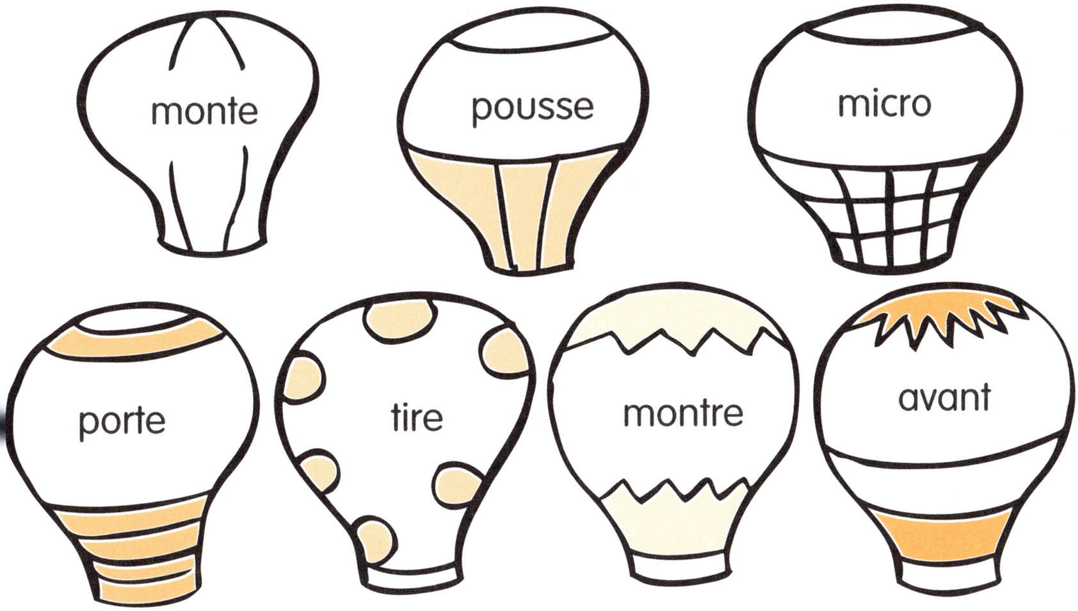

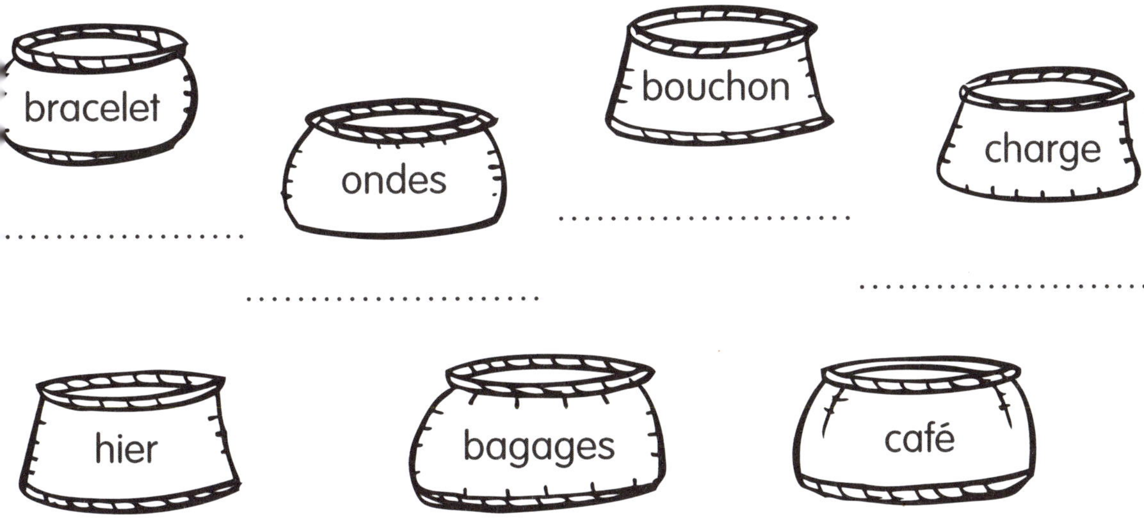

JECTIF

Connaître les homonymes.

ALLER

Complète les phrases par la forme correcte du verbe « aller ».

Le train .... de Paris à Lyon.

Jadis, les gens .... au marché chaque semaine.

Je ne .... pas très bien.

Demain, nous .... à Paris.

.... me chercher du lait !

Ma sœur veut .... à vélo à l'école.

......................-y, ne traîne pas !

OBJECTIF

Conjuguer correctement le verbe « aller ».

FACILE !

LES PLURIELS

Écris ces mots près du bon dessin.
Écris ensuite chaque mot au singulier.

Choisis parmi : ananas – chevaux – journaux – châteaux – yeux – souris.

JECTIF

Jongler avec le singulier et le pluriel des mots.

LES MÉTIERS

Complète chaque mot illustré avec la ou les lettres manquantes. Écris également le métier ou le passe-temps qui s'y rapporte.

cra........on

....

cout........

....

roul........

....

ba........ette

....

micr........

....

ca........e ...... p........che

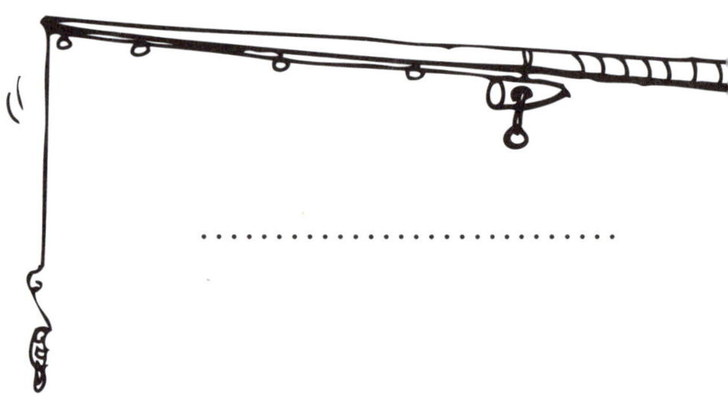

....

OBJECTIF

Bien orthographier des mots difficiles.

LES PHRASES

En automne, il fait parfois froid, parce que de l'air passe sous la porte. Le problème est résolu avec ces chiens boudins. Allonge ces phrases en ajoutant deux parties. Regarde l'exemple.

EXEMPLE

Il fait froid. → Il fait **toujours** froid **dans la maison**.

Le soldat / tire.

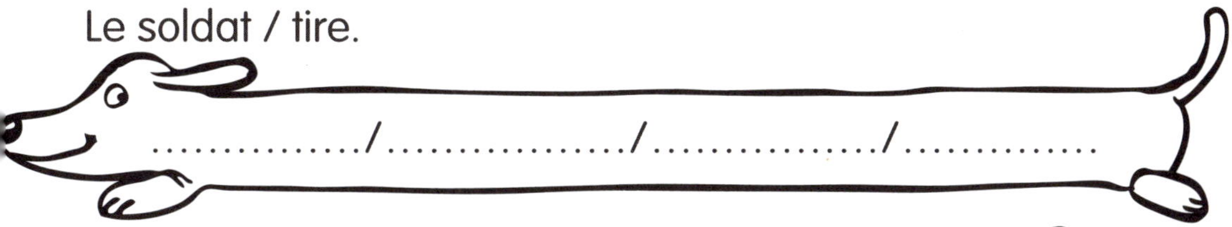

Les chevaux / trottinent.

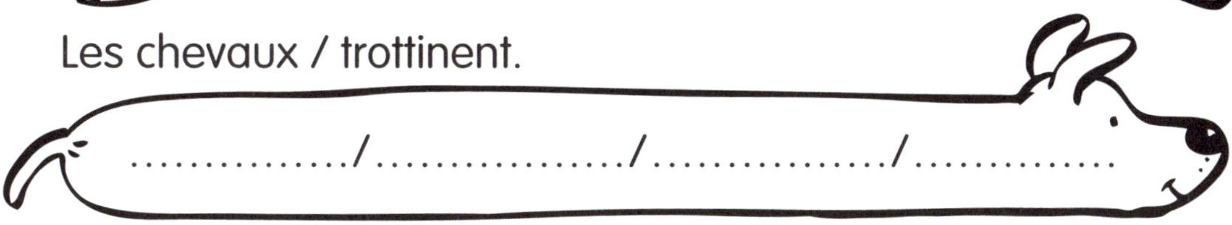

Le pilote / vole.

Notre ami / nettoyait.

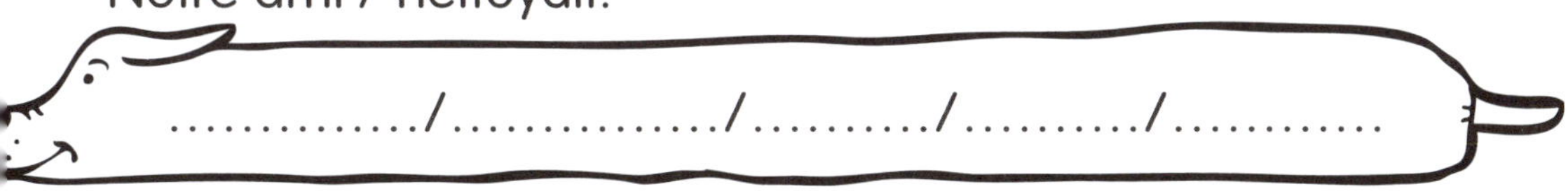

Je / donne.

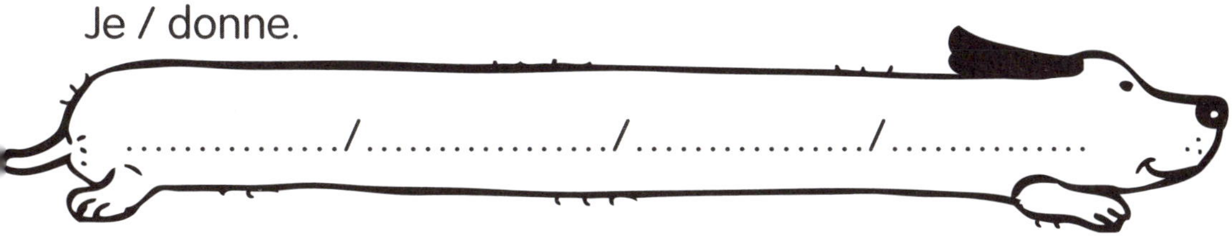

JECTIF

Faire preuve d'imagination et construire des phrases correctes.

À TABLE !

Quel verbe convient dans la phrase ? Choisis le bon verbe et conjugue-le correctement.

mordre / mâcher	Mange avec la bouche fermée ! Je t'entends .... jusqu'ici !
boire / déguster	Maman a .... son verre d'eau en une fois.
couper / griller	J'utilise un couteau pour .... la viande.
chauffer / épicer	Tu .... la soupe avec du sel et du poivre.
préparer / renverser	Le cuisinier .... le repas avec soin.
servir / débarrasser	Qui .... la table après le dîner ?

OBJECTIF

Choisir les verbes selon le contexte et conjuguer à la bonne personne.

FACILE !

LES MENSONGES

Corrige ces phrases en changeant le mot écrit en gras par un mot qui convient.

Choisis parmi : fâchée – amicale – fort – mauvais – jolie – peureux – mûrs.

Manger beaucoup de bonbons est **bon** pour la santé.

....

Maman est **contente** que tu aies eu de mauvais points à l'école.

....

Les fruits sont meilleurs s'ils sont bien **pourris**.

....

Les petits enfants sont **audacieux** dans le noir.

....

Blanche-Neige est une très **laide** fille.

....

Une hôtesse de l'air est toujours **désagréable**.

....

Superman est **faible**.

....

OBJECTIF Reconnaître les contraires.

LE TEMPS

Y a-t-il un complément de temps dans les phrases suivantes ? Mets un o (pour « oui ») derrière la phrase si c'est le cas, et un n (pour « non ») s'il n'y en a pas !

Depuis toujours, un fossé entoure le château. ....

Dans notre ville, il n'y a pas de château. ....

Souvent, les bandits causent des incendies. ....

Jadis, les chevaliers portaient une épée. ....

Les fermiers vivaient dans une petite maison. ....

OBJECTIF

Reconnaître les compléments de temps dans une phrase.

LE TRICOT

Mamie adore tricoter. Elle a tricoté des écharpes pour tous ses petits-enfants. Peux-tu lire la phrase qui se trouve sur chaque écharpe ? Recopie chaque phrase sur les pointillés.

....

....

....

....

....

BJECTIF

Détacher correctement les mots les uns des autres.

SOLUTIONS

L'alphabet **p. 3**

a	b	c	d	e	f	g	h	i
j	k	l	m	n	o	p	q	r
s	t	u	v	w	x	y	z	

oui – non – oui

En chemin **p. 4**

autobus – voiture – hélicoptère – barque – tracteur – bicyclette

Hansel et Gretel **p. 5**

sor – ciè – re
pres – ti – di – gi – ta – teur
gri – moi – re
gre – nouil – le
trans – for – mer
for – mu – le
sor – ti – lè – ge

Le son « é » **p. 6**

Un magicien est arrivé dans la ville. Il est venu dans notre école. « Approchez, les enfants, les tours de magie vont commencer », a-t-il dit. Il a d'abord enlevé son chapeau et il a tourné sa baguette par-dessus pour l'ensorceler. Je n'ai rien compris, mais un lapin a sauté de son chapeau. Tout le monde l'a félicité et a essayé d'attraper le lapin. J'ai beaucoup aimé son spectacle !

Le son « au » **p. 7**

château – hôpital – piano – taupe – oiseau – dauphin

« En » ou « an » **p. 8**

blanc – sang – entendre – content
cent – chanter – comprendre – maman
comment – l'an prochain – étang – autant
accident – vraiment – aimant – heureusement

« D », « t » ou « s » **p. 9**

Le musicien prend place sur son petit tabouret. Le public est prêt, il retient sa respiration, tout est calme dehors. Soudain arrive un rossignol. Lui aussi, il veut faire de la musique. La salle est bientôt debout, pour applaudir les deux virtuoses. Le flûtiste se sent bien. À la fin du concert, tous les gens sont ravis d'avoir assisté à un spectacle aussi fort.

« In » ou « ain » **p. 10**

singe – main – lapin – raisin – pain – lutin – sapin – dauphin

Le pluriel **p. 11**

nez – bras – œufs – boîtes – dents – clous – envois – creux – pois – prix

Le temps **p. 12**

parapluie – bottes – lunettes – nuage – manteau – maillot – éclair – moufle

Au salon **p. 13**

Plusieurs solutions sont possibles.
Par exemple :
2) Le chat est assis sur le tapis.
3) La table est très solide.
4) Le vase est rempli de fleurs.
5) Notre chat s'appelle Zorro.
6) Le fauteuil est confortable.
7) Nous n'avons qu'une seule chaise.
8) L'armoire contient des jeux de société.
9) Maman a cousu le coussin elle-même.
10) Le plateau de fruits est bien rempli.

La carte **p. 14**

Cher papa, chère maman,

Il fait beau en Espagne.
Je viens d'aller nager dans la mer.
Il y a de grandes vagues.
Grand-mère mange chaque jour une glace.
Maintenant elle lit un livre sur l'Espagne.
Papy discute beaucoup avec des Français.

À la semaine prochaine, papa et maman.
Faites un bisou de ma part à Thomas et au chien.

Je vous aime.
Cathy

Les fruits — p. 15

P	O	I	R	E	F	Z	A
O	H	D	B	F	R	C	N
M	S	X	A	M	A	W	A
M	V	K	N	R	M	Y	N
E	O	Q	A	H	B	T	A
P	R	U	N	E	O	U	S
V	U	C	E	R	I	S	E
N	O	I	X	U	S	I	P
K	I	W	I	W	E	D	G

Les sports — p. 16

tennis – football – basket – judo – aviron – escalade – jogging – athlétisme

Les ballons — p. 17

France – Italie – Belgique – Allemagne – Espagne

Les miroirs — p. 18

cartable – quarante – cadenas – tableau – araignée – marteau

Mots composés — p. 19

chasse-neige – sèche-cheveux – porte-mine – serre-tête

Complète ! — p. 20

jonquille	punie	tranquille
bille	moquerie	myrtille
quille	fille	famille
chenille	plomberie	brindille
lentille	jalousie	gentille
modestie	sonnerie	aiguille
gorille	énergie	galerie
vanille	papille	maladie
prairie	otarie	grille

Les adverbes — p. 21

sûrement	spécialement
mentalement	doucement
naturellement	amicalement
activement	patiemment
finalement	évidemment
uniquement	longuement
intelligemment	rapidement

Mots en « ique » — p. 22

magiques – tragique – exotique – comique – poétique – héroïque – boulimique – anorexique – mythique – biblique

Les séries — p. 23

1. attention
2. poison
3. pension
4. poisson
5. agression
6. poinçon

Dans l'étang — p. 24

Mots entourés : cheval – bocal – mal

Le féminin — p. 25

actrice – directrice – vendeuse – doctoresse – narratrice – chanteuse – lectrice – conteuse – chercheuse

Les touristes — p. 26

bottes	valise
tente	écharpe
avion	chemise
	lunettes
	pantalon

Le trésor — p. 27

arrivés – accosté – regardé – calculé – jetés – cherché – arrêtés – existé – brûlé

Les phrases — p. 28

1. Il y a une grenouille sous le banc.
2. J'ai vu beaucoup de fourmis rouges.
3. Le seau est tombé dans le puits.
4. Papa doit tondre la pelouse aujourd'hui.
5. As-tu vu le râteau ?

Les animaux — p. 29

hibou – crocodile – souris – chameau – cheval – cygne – éléphant – tigre

Le rébus — p. 30

Bravo ! Tu as réussi.

Les mots — p. 31

presse-papier – garde-chasse – serre-tête – presse-purée – grille-pain – pique-assiette

Qui fait quoi ? — p. 32

Construis — p. 33

décorateur	décorer	papier peint
peintre	peindre	peinture
maçon	maçonner	ciment
plâtrier	plâtrer	truelle
carreleur	carreler	carrelage

Les rimes — p. 34

Plusieurs solutions sont possibles.
Par exemple :
Depuis ce matin il pleut. Pourtant le ciel est bleu.
Dans la neige je vois les traces, de tous les animaux qui passent.
J'ai du papier et des crayons. Je vais dessiner une maison.
On a eu un accident de voiture ! Heureusement, on avait notre ceinture.
On pique-nique sur la plage, entre le sable et les coquillages.
Le spectacle est magnifique et les clowns sont très comiques.
Pour ne pas oublier la fête de demain, j'ai tout écrit sur ma main.
Tu sais ce que j'ai entendu ? Le chien du voisin s'est perdu !
L'après-midi après l'école, Lisa s'amuse comme une folle !

Complète ! — p. 35

Plusieurs solutions sont possibles.
Par exemple :
Le lapin du village n'aime pas le fromage.
Le chaton dort dans le salon.
Sur la table, je vois mon cartable.
Dans les poires de mon jardin, il y a des pépins.
Luc offre des fleurs à Lise : il l'aime de tout son cœur.
Je regarde l'élève, je suis sûr qu'il rêve.
Je chante une chanson dans ma maison.
L'écolier mange une glace dans sa classe.

La maison — p. 36

1. la porte
2. le toit
3. la gouttière
4. le sentier
5. la cheminée
6. la sonnette
7. l'appui de fenêtre
8. la fenêtre
9. la clôture
10. le rideau

La récré — p. 37

Les enfants tapent dans le ballon.
La petite fille saute à la corde.
Rose et Inès se lancent une balle.
Ils jouent aux billes.
Un petit garçon pleure.
Les enfants courent l'un derrière l'autre.

Tuut tuut ! — p. 38

Plusieurs solutions sont possibles.

Les phrases — p. 39

Je ne remplis pas trop mon cartable, parce que c'est très mauvais pour le dos.
Dans la classe, j'écoute l'institutrice, parce que sinon, je ne comprends pas la leçon.
Je mets ma trousse sur le banc et je prends mon cahier.
Notre institutrice est sévère, mais elle peut aussi être gentille.

On joue ? — p. 40

Jouets de garçons : armes – costume d'Indien – épée – chapeau de cow-boy
Jouets de filles : poupées – voiture de poupée – cerceau – petit magasin
Jouets pour les deux : jeux d'ordinateur – petite piscine – ours en peluche – livre d'amitié

Les syllabes p. 41

salopette – interrupteur – réparation – casquette – électricité

Le pluriel p. 42

buis – taureaux – chatons – cheveux – journaux – yeux – œufs – genoux – pneus – festivals – clous – maisons

Complète p. 43

C'est l'anniversaire du roi ! Il a reçu des cadeaux ! Mais il n'est pas content car il devient vieux.

Sa fille Cloé lui a offert un petit chien. Il est très mignon et vient lécher la main du roi.

Son fils Barnabé a peint un beau portrait de son papa. Il est très fier de lui.

La grille p. 44

	R	F	V	S	
O	I	B	E	A	U
I	D	R	A	M	A
S	E	A	U	A	G
E	A	U	V	N	N
A	U	C	R	T	E
U	D	E	R	E	A
R	A	D	E	A	U
	P	E	A	U	

Au port p. 45

1. Le capitaine dirige le bateau.
2. Les marins nettoient le pont.
3. La grue déplace le chargement.
4. Les camions roulent vite.
5. Je veux aussi travailler sur un bateau.

L'ouragan p. 46

nuage – pluie – orage – tempête – tonnerre – éclair

Trie ! p. 47

geôlier – digue – guitare – genou – cageot – guêpe – garçon – pigeon – cage

Le gratte-ciel p. 48

J'habite un appartement situé au septième étage.
Quand l'ascenseur ne fonctionne pas, je dois prendre l'escalier pour arriver chez moi.
Un immeuble compte beaucoup d'habitants.
C'est donc logique qu'il y ait parfois beaucoup de bruit.
Moi, ça ne me dérange pas. Comme ça, on ne se sent jamais seul.
Le bruit de l'aspirateur de notre voisin me gêne souvent.
J'aimerais habiter au dernier étage. De là-haut, on voit bien les lumières de la ville.

Mots en « tion » p. 49

L'inventeur vérifie son invention.
Les manifestants partent pour une manifestation.
À la pharmacie, le préparateur termine sa préparation.
Pour mon anniversaire, j'invite tous mes amis, ils ont reçu une invitation.
Les participants sont félicités pour leur participation.

« In » ou « im » p. 50

incapable – impoli – inexact – immobile – inactif – impayé – imprévu – indigne – invendu – impuni – inutile – impaire

Les verbes p. 51

L'athlète saute par-dessus le dernier obstacle.
Il court vers la ligne d'arrivée.
Le cheval galope dans le pré.
La petite fille saute sur la marelle.
Le canard se dandine vers l'étang.

Complète ! p. 52

Le prince est beau.
La dame est vieille.
Le camion est neuf.
La fermière est grosse.
La trapéziste est malheureuse.

Écris p. 53

Passer l'aspirateur sur le tapis
Donner à manger au chien
Mettre les poubelles dehors
Ne pas oublier de vider la boîte aux lettres
Bien faire les lits

Relie ! p. 54

balance = peser
cadenas = fermer
bouton = boutonner
flèche = monter
avion = voler
lettre = écrire

Le pluriel p. 55

Les maçons construisent un mur.
Les pêcheurs attrapent des poissons.
Les bouchers font des saucisses.
Les serveurs servent les boissons.
Les vendeuses plient un vêtement.

Complète ! p. 56

Olga veut regarder son émission préférée à la télévision.
Olga met la radio pour écouter de la musique.
Elle va acheter le journal pour lire les nouvelles.
Elle colle un timbre sur une enveloppe.
Elle entend le téléphone sonner.
Olga cherche des infos sur son ordinateur.

Ssssserpents p. 57

cases 1 à 7 : minutes
cases 5 à 8 : test
cases 8 à 12 : train
cases 11 à 16 : inégal
cases 14 à 18 : galop
cases 18 à 21 : papa
cases 20 à 23 : paon

Prépositions p. 58

Il y a des poires et des pommes dans les arbres.
Quand il fait froid, les oiseaux volent vers le sud.
En hiver, la température descend souvent sous zéro.
Quand il y a du verglas, je vais à la patinoire !
J'adore marcher sur le lac gelé !
Je casse la glace avec un bâton.
Je vois la neige qui tombe par la fenêtre.

Les lettres p. 59

CR	FL
BR	PL
TR	CL

Diphtongues p. 60

croire	blouse	neige
clou	réduit	loup
boucle	poux	pneu
clair	trois	trouble
nuit	plaire	bleu

laine	ceux
hibou	maison
écrou	loi
seigle	étui
double	landau

Les phrases p. 61

Je ne dois pas me coucher tôt ce soir parce que je n'ai pas école demain.
Est-ce une voiture de pompier ou est-ce une voiture de police ?
Sara a un chat à la maison et aussi un lapin.
Rémy est le plus grand garçon de la classe, mais il n'est pas le plus âgé !

La classe p. 62

Le maître parle aux élèves.
Les élèves jouent dans la cour.
Tu appelles ton ami.
Vous écoutez la question.
Nous savons la réponse.
Je réponds correctement.

Les personnes p. 63

1. Le médecin examine le patient.
2. Le météorologue donne le temps pour demain.
3. L'infirmière soigne les malades.
4. Le bandit commet un crime.
5. Le policier cherche le meurtrier.
6. Le clown fait rire les gens.

Pictogrammes p. 64

football – équitation – surf – tennis – danse

Lettre muette p. 65

gris – sourd – gros – gentil – grand – petit – accord – précis – profond – costaud

Le cimetière p. 66

Élisa DUPUIS
Robert DURAND
Maria DUPONT

Miam, des pâtes ! **p. 67**

femme – lame – lime – plume – flamme – paume – dame – comme

Les rimes **p. 68**

violon – cochon – ballon
perle – merle
école – fiole – rigole
four – cours – amour
église – brise
vase – base

Une question **p. 69**

Faites-vous de beaux dessins ?
Géraldine a-t-elle de grands projets pour ce week-end ?
Chante-t-on une chanson en classe ?
Les lapins mangent-ils la partie verte des carottes ?
Sais-tu compter jusqu'à mille ?

Le zoo **p. 70**

Le flamant rose va vers son nid près de l'eau.
Les girafes raffolent de ces feuilles vertes.
Le zèbre va dans l'étable.
Les araignées sont effrayantes.
La gentille otarie fait des tours amusants.

Le linge sale **p. 71**

Mots coloriés : lessive, fer à repasser, lave-linge, vêtement, saleté, sèche-linge

L'accident **p. 72**

L'ambulance arrive.
Le docteur soigne un blessé.
L'enfant pleure très fort.
Le conducteur blessé est allongé sur un brancard.
La sirène de l'ambulance est allumée.

Au théâtre **p. 73**

1) décor
2) chef d'orchestre
3) scène
4) orchestre
5) rideau
6) lumières
7) public
8) actrice
9) acteur

Les cadeaux **p. 74**

pantoufles	pyjama
chemisier	pantalon
chaussettes	maquillage

Les instruments **p. 75**

violon – guitare – piano – tambour – trompette

En mer **p. 76**

J'ai été capitaine sur plusieurs bateaux. Ma femme et mes trois enfants vivaient avec moi. Ma femme me préparait chaque jour deux œufs et des choux à la crème. Il y avait beaucoup d'autres marins sur mon bateau. Nous avons navigué sur tous les océans. Nous avons visité quelques villes magnifiques, assisté à des carnavals et même rencontré des cannibales.

Homonymes **p. 77**

Le ver de terre rampe dans le jardin.
J'ai soif, tu me sers un verre ?
J'étais furieux, j'étais vert de rage !
Pour écrire une poésie, il faut utiliser des vers.
Le paon se dirige vers son enclos.

« On » ou « om » **p. 78**

bonbon – tondre – mouton – bombe – compter – compris – édredon – trombone

Les intrus **p. 79**

carnaval – corail – pneu – hibou

Assemble **p. 80**

casse-cou – brise-lames – avant-midi – porte-monnaie – chasse-neige

Le courrier **p. 81**

Le chien aboie devant la porte.
Le facteur se déplace à vélo.
Le sac postal pèse lourd.
Il pleut aujourd'hui !
J'aime recevoir des lettres.
Papa lit le journal.

Complète ! **p. 82**

Je vais à la piscine.
Je me souviens de lui.
Le chat est sur la table.
Je pars avec toi.
J'écris à mon ami.
J'apprends en m'amusant.

Jeu de lettres p. 83

chien
oiseau
vache
cheval
mouton
chat
souris

C'est un ordre ! p. 84

sors	prends
va	donne
prépare	finis
dors	regarde
demande	sois
aie	jette
reçois	peins
appelle	crie
fais	essuie
cède	mens
viens	vends

Sans tête ! p. 85

cartable
trousse
école
gomme
peinture
règle

C'est la fête p. 86

Les gens / sont / joyeux.
Comment sont les gens ?
Ils sont joyeux.

Papa / est habillé / élégamment.
Comment papa est-il habillé ?
Il est habillé élégamment

Les amis / sont / très sympathiques.
Comment sont les amis ?
Ils sont très sympathiques.

Maman / rit / très fort.
Comment rit maman ?
Elle rit très fort.

Les portraits p. 87

Madeleine

Julia

Fiona

Sonia

Les sapins p. 88

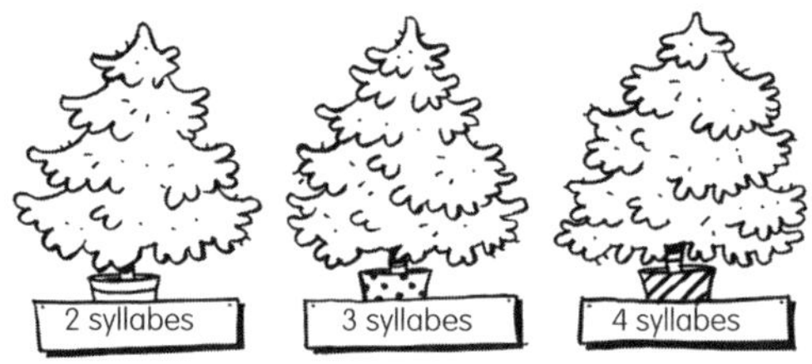

bou/le	cos/tu/me	dé/co/ra/tion
sa/pin	his/toi/re	cé/lé/bra/tion
lam/pe	guir/lan/de	
cha/leur		
chan/son		

Tout le monde p. 89

Plusieurs solutions sont possibles.
Par exemple :
le boulanger bronzé
le maître moustachu
le plaisantin plaintif
le sportif spirituel
le fermier féroce
le roi riche

Complète ! p. 90

fermier – fermière
chanteur – chanteuse
boucher – bouchère
dessinateur – dessinatrice

Les rimes p. 91

Père Noël est un homme fabuleux.
Il offre des cadeaux chaque année.
Il veut juste nous rendre heureux,
pour toute l'éternité !

Le boulanger et le coiffeur
dansent au milieu de la rue.
Même le marchand n'a pas peur
de danser avec une inconnue.

Sur un bateau vivent des marins.
Ils travaillent sur le navire.
Ils ne mangent pas toujours bien.
En cas de tempête, ils chavirent.

Le pharmacien vend des médicaments
à un très vieux monsieur.
Il fume beaucoup trop souvent.
C'est pour ça que ses lèvres sont bleues !

Les ombres p. 92

capitaine

pirate

violonniste

directeur

La fête p. 93

Fête foraine : barbe à papa – beignets – autos tamponneuses – maison de l'horreur – stand de tir

Anniversaire : bougies – guirlandes – ballons – invitations – gâteau

Pâques : tulipes – œufs – narcisses – lièvre de Pâques – cloches

Complète ! p. 94

- une étoile de mer et dormir à la belle étoile
- l'orbite de la lune et être dans la lune
- le ciel nocturne et tomber du ciel
- la nuit étoilée et depuis la nuit des temps
- une lunette astronomique et la lunette de W.-C.
- le chien aboie et entre chien et loup

Montgolfières p. 95

monte-charge – pousse-café – micro-ondes – porte-bagages – tire-bouchon – montre-bracelet – avant-hier

Aller p. 96

Le train va de Paris à Lyon.
Jadis, les gens allaient au marché chaque semaine.
Je ne vais pas très bien.
Demain, nous irons à Paris.
Va me chercher du lait !
Ma sœur veut aller à vélo à l'école.
Vas-y, ne traîne pas !

Les pluriels p. 97

château	souris	journal
cheval	ananas	œil

Les métiers p. 98

crayon	couteau
dessiner	boucher
rouleau	baguette
pâtissier	magie
micro	canne à pêche
chanteur	pêcheur

Les phrases p. 99

Plusieurs solutions sont possibles.
Par exemple :
Le soldat tire souvent sur l'ennemi.
Ce matin, les chevaux trottinent dans la prairie.
Le pilote fatigué vole très haut.
Hier, notre ami nettoyait sa voiture.
Je te donne mes bonbons.

À table ! p. 100

Mange avec la bouche fermée ! Je t'entends mâcher jusqu'ici !
Maman a bu son verre d'eau en une fois.
J'utilise un couteau pour couper la viande.
Tu épices la soupe avec du sel et du poivre.
Le cuisinier prépare le repas avec soin.
Qui débarrasse la table après le dîner ?

Les mensonges p. 101

Manger beaucoup de bonbons est mauvais pour la santé.
Maman est fâchée que tu aies eu de mauvais points à l'école.
Les fruits sont meilleurs s'ils sont bien mûrs.
Les petits enfants sont peureux dans le noir.
Blanche-Neige est une très jolie fille.
Une hôtesse de l'air est toujours amicale.
Superman est fort.

Le temps p. 102

oui – non – oui – oui – non

Le tricot p. 103

Les gros pulls sont bien chauds en hiver.
Mets une paire de gants.
Qui aime jouer dans la neige ?
Sur mon bonnet il y a un pompon en laine.
Ma maman est la plus gentille.